目錄 法意教你 Y! 選股獲利秘技

推薦序
投資、理財是人生必修課
法意PHIGROUP+Y!選股－－不管是新手或老手，選股立即上手！
投資的基礎，從慎選工具開始

推薦序

投資、理財是人生必修課

文／【Yahoo!奇摩】媒體傳播事業群副總經理　邱瀅憓

　　「工欲善其事，必先利其器」，面對資訊大爆炸的今日，誰能掌握第一手金融資訊，且搭配簡單好用的投資工具，誰就有機會成為最後的贏家。

　　投資從來就不是一件容易的事，但卻是每個人一生必修的一堂課，過去10年，Yahoo!奇摩股市陪網友一起成長，除了秉持我們持續提供「第一手金融資訊」的宗旨外，2011年我們針對年輕的「股市新生」，推出了「股市大玩咖」虛擬交易平台，讓股市新手先練功、後投資，避開剛投資、就賠錢的冤枉之路，新手們還可以透過股市大玩咖「追蹤」其他高手，觀摩他人的投資策略。

　　此外，針對有投資經驗的網友，我們也推出「Y!選股」功能，希望提供一個簡單工具，讓網友自行設定股市最常見的投資篩選條件，如：公司財務狀況、三大法人進出、KD技術指標，幫網友自動篩選出，值得長期投資的好股票。

這次跟【法意PHIGROUP】合作推出《法意教你Y!選股獲利秘技》一書，內容不但介紹很多Yahoo!奇摩股市網站好用的資訊，也進一步告訴投資人如何善用「Y!選股」這個好用的工具。【法意PHIGROUP】是目前無名小站人氣最高的財經部落格，也是Yahoo!奇摩合作的摩人之一，他們是一群專業、對投資很有想法的年輕人，藉由他們引介，將可以幫大家，以最有效率的方式找到投資的利器。

　　雖然投資之路並沒有所謂的捷徑，但卻可以透過學習及工具降低風險，我相信這本書是網友「找」對資訊及「選」對股票不可缺少的工具書。如何用最快、最簡單的方法找出最成功投資策略，打開這本書，相信你會找到答案，成為股海人生的贏家。

推薦序

法意PHIGROUP＋Y!選股──
不管是新手或老手，選股立即上手！

文／【法意PHIGROUP】Mr.X 艾克斯

　　【法意PHIGROUP】一直以來，都秉持著專業、誠信、正直的理念，希望能以自身經驗，協助投資者省去大量失敗成本，進而建構屬於自己的投資架構。Yahoo!奇摩股市正好也有著同樣的想法，因此這次雙方的合作可說是意義非凡。

　　Yahoo!奇摩股市在2011年，推出了優質的「Y!選股」平台，【法意PHIGROUP】則提供專業投資資訊，以及最簡單、最有效的選股方法。相信不管是投資新手或老手，閱讀這本書都能獲益良多，並且了解如何善用「Y!選股」來提升投資效益。

　　選股其實並不難，與其花大把鈔票購買複雜的軟體，或是加入投顧會員當肥羊；不如好好利用完全免費的「Y!選股」，真正學會釣魚，而不是只能巴望著吃到幾條明牌魚。這本著作的誕生，將幫助投資者快速熟悉這個難能可貴的服務，以及透過【法意PHIGROUP】的專業建議來聰明選股。

　　對剛要入門的初學者而言，「Y!選股」是一個非常好上手的

平台，從基本面開始，透過簡單的選股條件，讓你有效避開地雷，結束股票可能變成壁紙的噩夢。懂得靈活運用的人，還能從中找出營運體質極具潛力的公司。

對投資資歷不深的新手而言，「Y!選股」可以協助你進一步參考技術面來選擇投資標的。另外，Yahoo!奇摩股市還提供了股市大玩咖的虛擬平台，讓投資者在沒有任何風險的情況下，檢驗自己的投資組合，透過一次次的實戰修正，讓投資功力不斷增長。

對有一定經驗的投資人而言，更可以善用「Y!選股」的超級精華──籌碼分析。輕輕鬆鬆就能追蹤分析，像是董監事、大股東等等，這些在市場上具有價格影響力的交易者的行為，進而跟著大戶、從中找到獲利機會。

減少犯錯成本，就是累積更多的投資實力！不需要再跟著消息面追高殺低，心情也不再隨著股價起起伏伏，你也能真正享受投資所帶來的獲利和成就感。

【法意PHIGROUP】邀你透過一起善用「Y!選股」，打造自己的黃金選股策略！

推薦序

投資的基礎，從慎選工具開始

文／【法意PHIGROUP】歐斯麥

金融海嘯過後，全球央行為了拯救市場，瘋狂的印製鈔票，使得我們在可預見的未來，通貨膨脹將會持續增長，一塊錢在未來將遠遠不值一塊錢。當你的資產沒有增加的時候，實際上就是在一點一滴的縮水，於是投資理財是現代人必須面對的，也是必須學習的一件大事，「你不理財，財不理你」。

而身處網路發達的年代，資訊其實也變成是一種通貨，在面臨資訊太迅速太多太氾濫時，我們要如何從眾多資訊中，找到我們所需要的資訊，進而做出正確適當的決策呢？

Yahoo!奇摩股市一直都是扮演這樣的角色。根據統計，這是台灣人上網尋找股市資訊使用率最高的財經網站，裡面提供相當多的免費數據供投資人參考之用，已經是相當方便了，但是財經數據之多，就算我們在這樣擁有豐富數據的網站中挖寶，對於剛入門的投資人來說，也難免有劉姥姥逛大觀園之感。所幸，【法意PHIGROUP】這次與Yahoo!奇摩股市合作，將網站上的內容進行分析，篩選出富有意義的數據，也協助一般投資人從基礎介紹學起，讓忙碌的上班族們都可以快速一窺投資的殿堂，爾後再

追蹤這些數據，才知道要如何應用、活用，有效的幫自己進入財富自由的境界。

正確的觀念是投資致富的第一步，再來必須選擇好適合自己的投資工具，「工欲善其事，必先利其器」也是筆者在過去文章與拙作中一再強調的。本書搭配Yahoo!奇摩股市新開發的智慧選股功能「Y!選股」，對於初學者，以及有點基礎的投資人而言，相信本書所提的各種原則都可以讓你有所體會，不要再猶豫了，把書拿起來細細品味吧！

第一章
技術面選股

1-1
KD指標選股法
靠黃金、死亡交叉選飆股

「台股昨日開低走高，終場小漲35點，收7,182點，量能萎縮至千億元以下，僅919億元。台股連日站穩5日均線後，昨日9日KD出現交叉向上，有助於今日挑戰10日線7,273點，及9月23日當天跳空大跌缺口。」

——擷取自《中國時報》

技術指標中，要找一個最具代表性的指標，我想非「KD指標」莫屬了。不論是從Yahoo!奇摩股市的技術線圖，還是平常使用的券商看盤軟體，KD指標都穩坐技術指標中的第一位。究竟KD指標有多大的能耐，可以穩坐第一位指標的寶座？待筆者慢慢道來。

KD指標原名隨機指標

KD指標之父——喬治·蘭恩（George C. Lane）在1957年創造了KD指標，其原名為「隨機指標」。最初設計的理念是，當股價趨勢上漲時，當日收盤價會傾向接近當日價格波動的最高價；而當股價趨勢下跌時，當日收盤價會傾向接近當日價格波動的最低價。

KD指標的公式

要學習KD指標，勢必要拿出當初蘭恩設計的公式出來解釋一番。

首先要先求出未成熟隨機值（Raw Stochastic Value，RSV）：

$$RSV = 〔C-L（n）〕／〔H（n）-L（n）〕×100$$

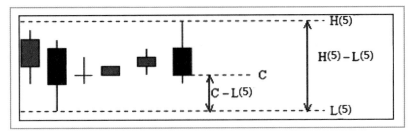

其中C代表今日收盤價，n代表第n日，上圖是以n＝5為例，但常用的是n＝9。也就是說，今天的收盤價，跟過去9天的最高價與最低價相比，是位在哪個相對位置。背後的邏輯是，如果是多頭，那麼在最近9天的走勢中，收盤價會越接近9日高價，反之則收盤價會越接近9日低價的位置。而KD的計算如下：

K值＝前日K值×（2／3）＋ 當日RSV×（1／3）
D值＝前日D值×（2／3）＋ 當日K值×（1／3）

KD指標的意義

K值稱為快速平均值，反應較靈敏。D值稱為慢速平均值，反應較不靈敏。若K值大於D值，代表目前處於漲勢；相反地，當K值小於D值時，代表目前處於跌勢，而不論K值或D值，其數值皆

是介於0~100之間，一般來說，數值50被認為是多空平衡位置。大於50時，多方力道強；小於50時，空方力道強。

80以上俗稱「超買區」，代表多頭強勢，買氣旺盛。

20以下俗稱「超賣區」，代表空頭強勢，賣氣旺盛。

至於該採用K值或D值當作評斷多空標準，端看讀者是短線積極或是較保守的操作者，前者多以K值50做為多空分野，後者則為以D值50為依據。

先有這些基本概念後，筆者再告訴讀者KD如何應用。

KD指標實戰應用

≫實戰1：KD趨勢與鈍化

趨勢只要形成，短期內就難以改變。觀察股價圖上的K線排列（股價走勢），是多是空，立即得知。KD指標亦同，若出現了強烈的多頭或空頭訊號時，短期間要轉變並不是一件容易的事情。

KD趨勢──研判多空

趨勢是長期造成的，因此談到趨勢，就要談到D值。D值是慢速平均值，要使它變化需要較長一段時間，因此我們可以把每天的D值連線，藉此判斷趨勢變化。

在KD指標的意義中有提到，當數值落在80以上時，屬於多頭強勢。我們可以觀察D值跑到80以上後，股價會產生什麼變化。

下圖中顯示，D值來到80以上後，宏達電（2498）的股價如同飆股，從500元漲到1,000元，多頭強勢格局。D值在多頭強勢下，若暫時跌落到20附近時會形成支撐。

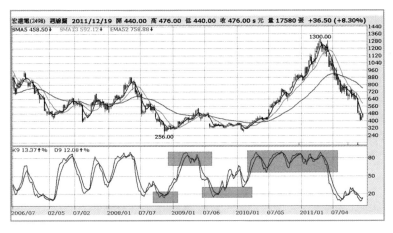

（資料來源：嘉實資訊）

金融海嘯期間，有多家股票的D值都跌破20，此時代表空頭的強勢。在空頭強勢下，D值暫時回到80附近會遇到壓力，此時這種股票少碰為妙。

KD鈍化──規則失效

提到技術指標，最著名的現象就是「鈍化」。何時會發生鈍化？就是股價長時間處於高檔或低檔，而KD指標長時間處於80以上或20以下的時候。

　　KD指標的定義中，80以上代表著超買區，一般認為是買過頭，應該出場；20以下代表超賣區，一般認為是賣過頭了，應該進場買。筆者認為超買就應該繼續買，超賣應該跟著賣或不進場。

　　KD指標會發生鈍化，在多頭行情下，代表著股價不斷的走高，KD指標一直處於80以上。這種現象對於投資人而言，是好消息。現在若進場去買股票，未來還是有很高機率繼續走高，獲利自然浮現。然而，若是跑到20以下時，並持續一陣子，不要懷疑，走勢開始轉弱了，還是趕快跑吧！

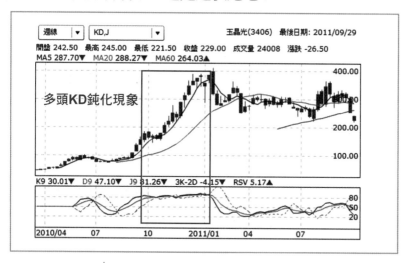

超買：持續在80以上。（資料來源：Yahoo!奇摩股市）

延伸閱讀　　　　　　　　　【法意書城】www.pcstore.com.tw/phigroup/

想了解更多KD指標在台股和外匯上的應用技法嗎？請見——
1. 歐斯麥於《正宗多空：法意群俠台股攻略》中的〈Part 2 功夫學〉。
2. JOE的著作《看線圖高效率賺外匯》中，〈Part 3 線圖技術〉一文。

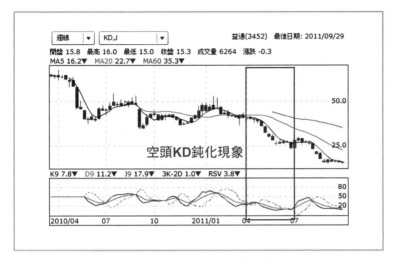

超賣：持續在20以下。（資料來源：Yahoo!奇摩股市）

空頭行情下，代表股價不斷的走低，KD指標一直處於20以下。有句話說：不要去接掉下來的刀子。若是看到超賣的股票，就見獵心喜的跑進去買，之後的下場可能會很慘，不是虧了一屁股，就是停損出場。這種情況就要等到KD指標重回80以上時，再進場才會是比較安全的做法。

▶▶ 實戰2：KD背離學

「背離」這個名詞，常常出現在新聞與報章雜誌上，這意味著股價與指標不符合常態。

舉例來說，若股價創新高，依靠股價計算的KD指標應該要創新高，結果卻不是，此時，就是所謂的「背離」。

跌破頸線時，KD指標並未創新低。

（資料來源：嘉實資訊）

背離分為兩種：牛市背離和熊市背離。

1. 熊市背離：股價創新高，KD指標卻沒有創新高，代表股價有轉弱的可能。

2. 牛市背離：股價破底後，KD指標卻沒有創新低，代表這個位置是股價的近期低點。

≫ 實戰3：KD交叉學

交叉需要兩條線，在股價圖上是移動平均線，在KD指標圖是什麼？K值線和D值線。先給讀者黃金交叉和死亡交叉的定義：

1. 黃金交叉：短期的線向上穿過長期的線，就是黃金交叉。

2. 死亡交叉：短期的線向下穿過長期的線，就是死亡交叉。

看完上面的定義，讀者可能會想：「我怎麼知道KD指標哪個是短、哪個是長？」

在KD指標的定義裡有提到，K值是快速的平均值，D值是慢速的平均值。快速代表反應時間短，慢速代表反應時間長。所以K值線可以代表短期線，D值線可以代表長期線。

接著，要告訴讀者的是交叉學應用：

1. 黃金交叉時，K值線與D值線交叉向上，代表未來行情轉好。
2. 在K值與D值皆20以下時，出現往上交叉，這個黃金交叉才具參考價值。
3. 死亡交叉時，K值線與D值線交叉向下，代表未來行情轉壞。
4. 在K值與D值皆80以上時，出現往下交叉，這個死亡交叉才具參考價值。
5. 多頭時運用，成功機率較高。空頭時則反之。

把握以上運用原則，讀者可以用來作為買賣選股之依據。

>> 實戰4：KD時間學

KD指標在不同的時間點上，有不同的應用意義，主要還是要根據自身操作來調整。一般而言，愈長時間的KD指標，所產生出來的訊號，愈具代表意義。經過測試，週KD的可信度是較高的。所以讀者若要找尋買進訊號，建議可以從週KD黃金交叉下手。

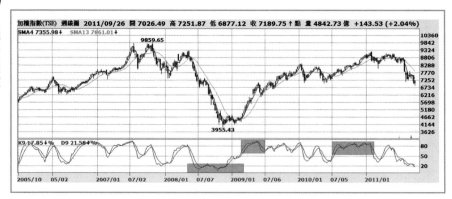

（資料來源：嘉實資訊）

週KD在判斷趨勢時，要用9週KD指標。請看範例：

上圖為台灣加權股價週線圖。這裡的週KD運用，觀察金融海嘯期間，低檔有兩次黃金交叉，第二次交叉後，K值就沒有跌破D值，視為多頭初試啼聲。後來台股拉了一波2,000多點的行情，直到KD出現了死亡交叉才暫時休息。

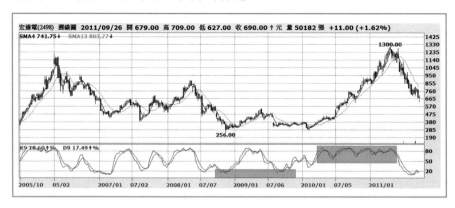

（資料來源：嘉實資訊）

上圖為宏達電（2498）週線圖，KD參數設定為9。2009年下半

年出現低檔黃金交叉，之後出現了大行情。但觀察圖中的賣出訊號，若是在死亡交叉時就出場，便會錯過之後的行情。因此在個股判斷上，週KD的買訊會較賣訊來得精準些。

>> 實戰5：Y!選股

Y!選股中，有兩組選股，分別為KD黃金交叉買點，與週K＞週D的方法。

1. KD黃金交叉：在KD交叉學有提到，黃金交叉代表未來行情轉好。作多的股票就是要選擇這種條件的股票。提醒讀者，請在多頭的時候使用。
2. 週K＞週D：利用週K＞週D選股時，建議在KD數值皆向上的情況下使用，當週KD的數值同時向上，代表行情是好的；若週K＞週D，但是週KD的數值都在下降，則代表行情正在轉弱，不要進場為宜。

（資料來源：Y!選股）

1-2
型態選股法

W底、頭肩底、M頭、三重頂、頭肩頂

鑑往知來,在技術分析領域中,是最為人津津樂道的特性。人都有自己的個性、自己的行為模式,從一個人表現出的特徵,我們便可以知道接下來可能會發生什麼事。

股價,也如人一樣,當排列出某種形狀特徵時,我們可以推論,未來會漲會跌,甚至可以知道未來可能的目標價位在哪裡。這,就是「型態」的神奇之處。

型態使用的四要點

型態,這個技術分析的顯學,很多都是事後才看得出來。意思就是,我們當下可能無法知道,這個型態到底會不會形成。型態是否確立的參考依據,在後面的內容中,最常提到的就是突破頸線,然而,這也只是確定型態的形成。

我們會利用型態來測量目標價,這也是型態的功能之一。但是,目標價只是計算的結果,股價沒理由要根據我們的計算達到此價位。

目標價有沒有達成，告訴我們兩件事：1. 行情的強弱程度；2. 型態成功與否。

多頭時，型態學的目標價達成機率高，型態學的威力顯而易見；相反地，空頭時，目標價看看就好，失敗的型態比比皆是。

因此，筆者要提醒讀者的重點，有以下四點：
1. 多利用月線、週線來看趨勢，趨勢是你的好朋友。
2. 月線圖和週線圖的威力，遠超過日線圖的威力，且日線圖的雜訊太大，失敗率極高。
3. 目標價的達成，代表行情很強，而不是預測得準。
4. 頭部和底部，取其相對位置。頭部多半出現在過去的高價區間；底部多半出現在過去的低價區間。

選股掌握四種底部型態

讀者要買什麼樣的股票？答案是，底部型態出現的股票。

這種有底部型態的股票，多半是經過整理，待籌碼穩定，隨時都有可能起漲。股價就像一碗水，若水裡面有雜質，放久了都會沉澱在碗底。而底部型態就像水會沉澱雜質，將籌碼沉澱。等想賣的人都賣掉了，在未來上漲時，才不會因為有人賣股票而影響走勢。

至於底部型態，又可分為以下四種：W底、三重底、頭肩底，以及圓形底。

≫ 底部型態1：W底──雙重底，俗稱W底

在眾多型態中，出現機率最高的就是W底。然而多數人都會判斷錯誤，所以請讀者注意一下出現W底的要件：

1. 兩隻腳，右腳和左腳低點相等或比左腳高。
2. 股價突破頸線時，W底的形態完成。
3. 注意頸線位置，若是回測時跌破，視為W底失敗。
4. 成交量較兩腳位置小，屬正常現象；突破頸線，宜帶量突破，若未發生，未來成交量要補足才行。

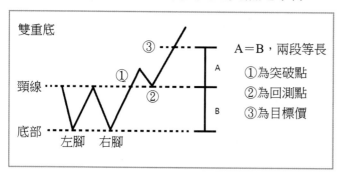

運用技巧：

1. 突破頸線時，代表型態完成，此時為最佳出手點，即上圖突破點位置。
2. 若未來回測頸線位置，獲得支撐，此為最佳出手點之二，即上圖回測點位置。
3. 目標價：採用平行測量方式，頸線到「右腳」的距離，再加

上頸線價位，即為目標價。

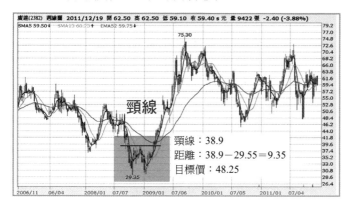

>>底部型態2：**三重底──比W底多了一腳**

三重底跟W底差別在哪？就是多了那一隻腳。三重底判斷
準則：

1. 三隻腳，低點一樣，或是「第三隻腳」大於「第二隻腳」大
   於「第一隻腳」。
2. 突破頸線後，才算確立三重底型態。
3. 成交量：三重底多了一隻腳，所以籌碼比W底更穩定些。突
   破頸線時，可不需要成交量的增加，但如果有會更好。

1-2
型態選股法

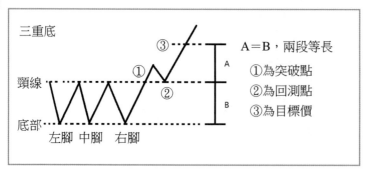

運用技巧：

1. 突破頸線時，代表型態完成，此時為最佳出手點，即上圖突破點位置。

2. 若未來回測頸線位置，獲得支撐，此為最佳出手點之二，即上圖回測點位置。。

3. 目標價：採用平行測量方式，頸線到「中腳」的距離，再加上頸線價位，即為目標價。

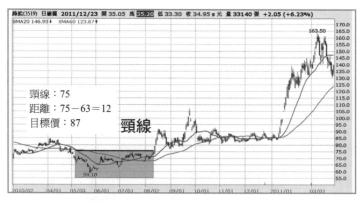

（資料來源：嘉實資訊）

>> 底部型態3：**頭肩底——雙肩加頭**

兩個肩膀加上頭所形成的形態，判斷準則如下：

1. 頭的位置是此型態中最低點。

2. 右肩的低點，和左肩的低點會在差不多的位置。

3. 頸線是兩個型態高點的連線，不一定要平行，可以傾斜。

4. 突破頸線後，才算是型態的完成。

5. 成交量：型態形成時，成交量會跟著股價起伏同步放大縮小。

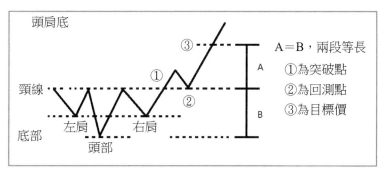

運用技巧：

1. 突破頸線時，代表型態完成，此時為最佳出手點，即上圖突破點位置。

2. 若未來回測頸線位置，獲得支撐，此為最佳出手點之二，即上圖回測點位置。

3. 目標價：頸線到頭部低點的距離，加上頸線的價位，即為未來可能的目標價。

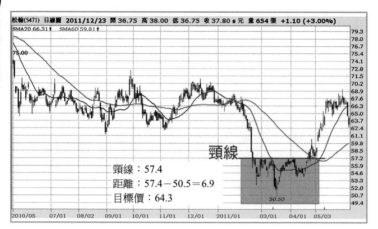

松翰(5471) 日線圖 2011/12/23 開 36.75 高 38.00 低 36.75 收 37.80 s 元 量 654 張 +1.10 (+3.00%)

頸線

頸線：57.4
距離：57.4－50.5＝6.9
目標價：64.3

（資料來源：嘉實資訊）

>> 底部型態4：圓形底──像咖啡杯底

圓形底，就像一個咖啡杯的底部。型態突破後的形狀，如同咖啡杯的柄部。因此，也可以稱之為「咖啡杯」的型態。

判斷準則：

1. 圓形底是一個漫長的整理過程，基本上會呈現一個圓弧的形狀。

2. 突破圓弧中的最後一個高點，拉回測試頸線後，或是呈現整理，才會再次開啟行情。

3. 成交量：圓形底的成交量，在判定上較為困難，沒有一定的規律。

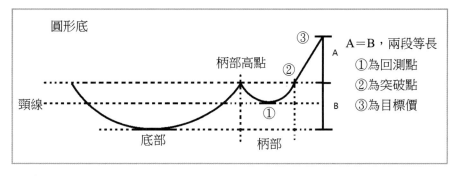

運用技巧：

1. 突破頸線來到柄部高點，回測頸線時有支撐，頸線附近是最佳買點之一，即上圖回測點位置。

2. 突破柄部高點，這是最佳買點之二，即上圖突破點位置。

3. 目標價：圓形底的低點到柄部的距離，再加上柄部高點的價位，即為目標價。

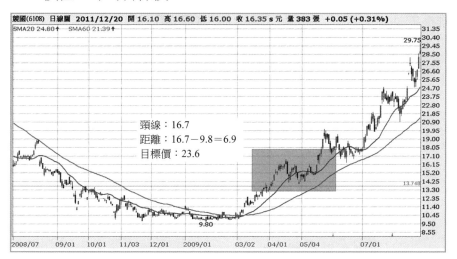

（資料來源：嘉實資訊）

選股掌握三種頭部型態

討論完底部型態後，接著我們來看看頭部型態。有看過月下湖水的讀者一定知道，當月亮照映在湖上，湖面上會出現一個一模一樣的倒影。頭部跟底部，就如同實體與影子一般。

W底是底部的形態，放在頭部，叫M頭；頭肩底在頭部就是頭肩頂；三重底在頭部就是三重頂，因此在判斷與使用上，有異曲同工之妙。

頭部型態又分為：M頭、三重頂、頭肩頂，下列逐一說明。

>> 頭部型態1：M頭——俗稱麥當勞

有麥當勞之稱的M頭，和他的影子W底一樣，都是最常出現的形態。這也是多數人最會判斷錯誤的型態，判斷準則如下：

1. M頭有兩個頭，左頭高點會比右頭高點來得高或相等。
2. 當股價跌破頸線時，型態完成。
3. 成交量：在M頭形成的過程中，常會出現價格上漲但成交量卻萎縮的「量價背離」現象，若是又出現成交量突然某天爆量的情況，就得更小心了，因為在頭部區間出現成交量爆量，相當不安全。

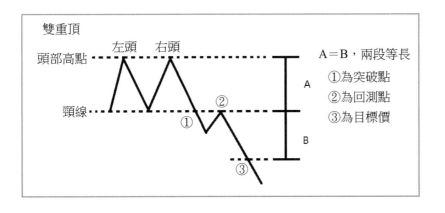

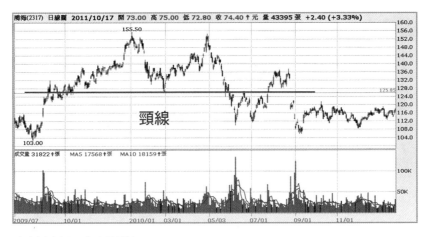

（資料來源：嘉實資訊）

≫ 頭部型態2：**三重頂**

判斷準則：

1. 高點一個比一個低，或位在相等位置。

2. 成交量：在三重頂形成的過程中，也會出現如M頭般的成交
   量異常現象，這可以說是不吉祥的徵兆，第三個高點的成交
   量會比前兩個高點低很多。

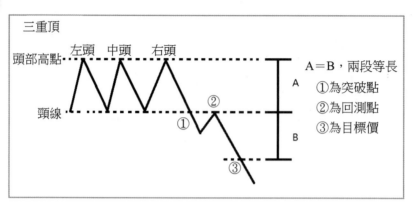

（資料來源：嘉實資訊）

>> 頭部型態3：**頭肩頂**

判斷準則：

1. 頭的位置是型態中的最高點。

2. 兩個肩膀中，一般而言，右肩的高點會低於或等於左肩。

3. 型態中有兩個低點，兩低點連接可形成頸線。

4. 成交量：此型態在形成時，在頭部可能會出現成交量爆量的情形，若出現量增價格不漲時，就要小心。

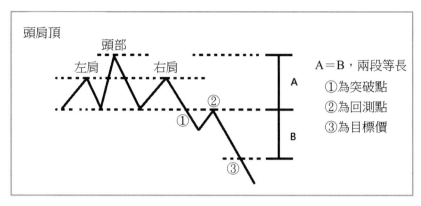

常見頭部型態運用技巧：

1. 爆量跌破頸線之時，便是賣出點。

2. 跌破後反彈至頸線附近，沒有突破，此時為賣出點，此反彈波段亦被稱為「逃命波」。

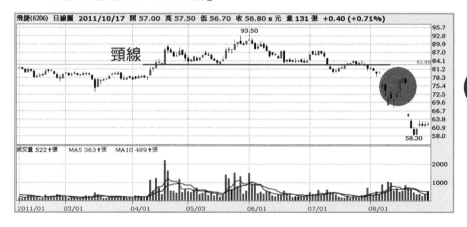

型態選股法

第二章
市場面選股

2-1
價量選股法

價量配合，找出關鍵進出場價格

學習投資股票，要先從馬步開始打穩。咱們先從「新手看價」開始！價格如何形成？由市場決定。市場怎麼決定？要看需求。也就是說，需求決定了股價。

股票跟我們買賣東西一樣，「物以稀為貴」，不被需要的東西，自然價格就低。好股票的價格高是很正常的，大家都搶著要，無形中就自然推升了股價，所以股價愈來愈高。

但熱潮總是會過去，如同葡式蛋塔，過了流行，就少了那些排隊的人潮。股票亦同，漸漸沒人要的股票，就像坐雲霄飛車一般，跌落、再跌落，最終回歸到原點。

看大盤漲跌找出未來趨勢

外行看熱鬧，內行看門道，投資人可以從股價知道哪些有用的訊息呢？除了今天是漲是跌之外，我們還可以從股價的漲跌發現未來市場可能的趨勢所在。

加權指數(TSE) 月線圖 2011/09/01 開 7799.18 高 7886.04 低 7186.75 收 7577.40 s 點 量 11512.90 億

（資料來源：嘉實資訊）

就上圖而言，那麼多K線排在一起，隨著時間的推移，慢慢我們就能看出可能的市場走向，例如在2007年至2008年間，趨勢是向下的；而在2009年至2011上半年，趨勢則是明顯向上的。這就是股價圖要告訴我們的第一個重點——趨勢。

趨勢有多重要呢？在台股市場裡，只要趨勢是向上的，在不買到地雷股的情況下，長期下來獲利機率都不小。相反的，趨勢是向下時，儘管買的是好公司，常常是怎麼買怎麼賠。

趨勢要怎麼抓？要用長期的線圖去抓。為什麼不用日線圖？因為日線圖時間短，短線波動大。然而當你轉換到週、月線圖時，會發現股價的波動，沒你想像中這麼大，平靜中可以看出趨勢來。

　　讀者亦可以用趨勢線的方式，來輔助判斷。多頭趨勢的基本條件——低點不斷墊高，只要將低點與低點連接即可畫出。

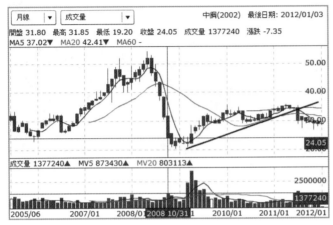

（資料來源：Yahoo!奇摩股市）

　　空頭趨勢——下一個高點低於前一個高點，將高點與高點連接即可畫出。

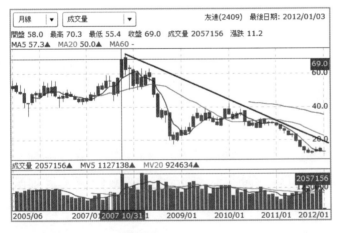

（資料來源：Yahoo!奇摩股市）

從股價週線價位看行情走勢

（資料來源：嘉實資訊）

　　股價圖，還可以告訴我們行情可能怎麼走。讀者可以觀察上圖圖中的圈圈、水平線。台灣加權指數跌到圈圈、水平線一帶就止跌了，這是很神奇的一件事！圈圈、水平線一帶的週線價位區間，通常稱之為「關鍵價位」，股價跌到此價位附近一帶，出現止跌反彈的機率就會大增，「關鍵價位」的妙用，就在於可以反映股票供需力道的強弱。

　　運用週線圖與關鍵價位，可以觀察出這種「慣性」來，判斷現在行情走到哪裡、趨勢是否還持續、繼續留在市場是否安全。

　　假設有兩個關鍵價位80、100。80是起漲點，若未來跌破起漲點，代表股票轉弱，應該要立刻出場。下次若又突破80這個關

卡，判斷開始轉強，又可以開始做多。

100是之前的高點，未來若走到這裡，有鑑於前面高點可能是壓力，可以選擇出場；若又突破，代表後勢強勁，可以判斷是否要繼續加碼。讀者只要知道關鍵價位的妙用，在投資時就不必太擔心了。

從成交量分析投資人心理

看透股價圖後，就能接著進入「老手看量」的境界。成交量如人潮一般，代表熱門度。商品之所以暢銷，在於購買的人數多；股票之所以熱門，在於進場買賣的人數多。若有一個商品單價高，結果買的人少，廠商為了求生存，勢必得降價。

那股票呢？買的人少了，高檔價位撐不住，一樣會面臨跌落再跌落的慘況。

成交量是價格的先行指標，這是一般市場上的常識，但是價格其實也可以是成交量的先行指標。

我們以鑽石為例。鑽石價格高昂，但還是有很多人會去購買，因為鑽石代表身分地位，所以會有很多人追逐鑽石。從這方面去想，就不難理解價格為何是成交量的先行指標了。

看到股價突然漲了起來，投資人會怎麼想？可能是主力要開始拉股票了，或是有什麼消息，股價先反應了。因此上漲的股票會有很多人跟進，成交量自然大起來。

若是股價下跌，投資人看到又會怎麼想？沒有人會想去買下跌中的股票，掉下來的刀子沒有人會想接。所以成交量自然會縮小。

讀者可能會問：「我有看過下跌但成交量放大的例子，這是怎麼回事？」一般來說原因有二：其一是主力開始出貨，導致股價開始下跌。當主力開始大量賣出時，散戶投資人看到，可能會跟著一起賣，導致成交量放大；其二，最常見的，就是散戶投資人的恐慌性賣出，這種情況也會導致成交量放大。

2-1

價量選股法

成交量與關鍵價位的關係

　　筆者看股價圖時有談到關鍵價位，關鍵價位若能和成交量互相配合，關鍵價位的有效性會更高。

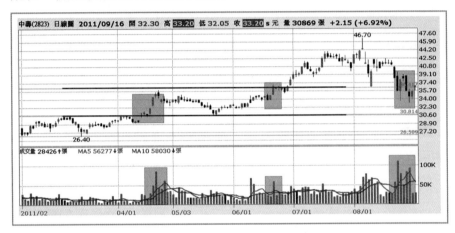

（資料來源：嘉實資訊）

　　以上圖中壽（2823）為例，30～31元這個區間是關鍵地帶，若突破則代表多頭的勝利。第一個方塊處成交量放大，走勢突破關鍵價位，之後回跌至水平線，出現支撐，此乃接近大量成交的地帶，所以股價有支撐存在。

　　2011年6月中，又出現一次帶有成交量突破的關鍵點，接著創下了46.7元的高點。隨後測試之前突破的關鍵價位，第一次出現支撐，但是在第二次（最後一個方塊），出現跌破並有成交量的情形。此時可以初步判定，這檔股票之後會開始下跌。

投資人必學，分價圖應用

股價分價圖哪裡找得到？在Yahoo!奇摩股市中，有當日的分價圖可以使用，若要看長一點的分價圖，一些券商網站如群益金融網等，都有較長區間的股價分價圖可供讀者參考。

以下是分價圖案例說明：

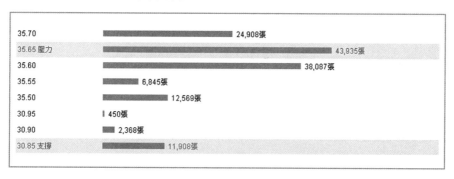

35.70		24,908張
35.65 壓力		43,935張
35.60		38,087張
35.55		6,845張
35.50		12,569張
30.95		450張
30.90		2,368張
30.85 支撐		11,908張

（資料來源：嘉實資訊）

分價圖是利用每個價位區間的成交量計算而成的，例如在28元成交量有1,000張，此時在分價圖表上會顯示28元有1,000張的成交量。若是某個價位成交張數很多時，代表這是市場的投資人關注的價位，而這個價位也可以被視為「關鍵價位」。

2-1
價量選股法

　　上圖是中壽（2823）的分價圖，可以看到在30.85時是支撐，35.65是壓力價位，對照下圖股價圖上的位置，可以發現跟分價圖吻合。

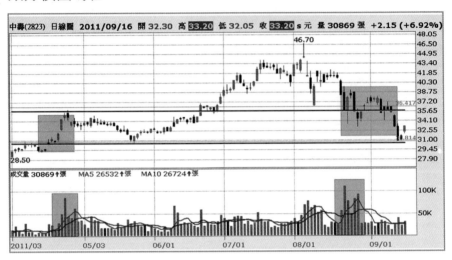

（資料來源：嘉實資訊）

　　提醒讀者，分價圖計算的時間愈長，愈具有代表意義，參考性愈高。

超實用價量選股法

　　股價上漲時，帶有成交量，這樣才是個健康的上漲行情。因此在運用選股時，可以從這方面著手。

　　讀者還可以利用Yahoo!奇摩股市中的排行榜，包括熱門股排行、漲跌幅排行、成交值排行，來找尋合適的標的。

熱門股排行：

名次	股票代號/名稱	成交價	漲跌	漲跌幅	最高	最低	價差	成交張數	成交值(億)
法人進出　成交比重　資券餘額　熱門排行									
資料日期：100/09/30 13：30			上市熱門股排行						上櫃熱門股排行
1	2886 兆豐金	21.35	△0.45	+2.15%	21.85	21.20	0.65	68,542	14.7702
2	2330 台積電	70.00	▽0.30	-0.43%	70.80	69.00	1.80	60,198	41.9732
3	2892 第一金	19.80	△0.25	+1.28%	20.30	19.75	0.55	58,026	11.6140
4	2891 中信金	18.20	△0.75	+4.30%	18.45	17.65	0.80	55,556	10.0297
5	2610 華航	15.20	△0.40	+2.70%	15.40	14.95	0.45	51,675	7.8449
6	2353 宏碁	37.70	△0.30	+0.80%	37.75	36.60	1.15	48,001	17.8905
7	2823 中壽	29.25	△0.40	+1.39%	30.10	28.65	1.45	46,432	13.6900
8	2384 勝華	24.15	▽0.65	-2.62%	25.15	24.05	1.10	46,268	11.3007
9	2618 長榮航	20.35	△1.05	+5.44%	20.50	19.50	1.00	42,274	8.4972
10	2881 富邦金	32.10	△0.10	+0.31%	32.80	31.95	0.85	41,946	13.5520
11	2801 彰銀	17.60	△0.10	+0.57%	18.00	17.50	0.50	41,730	7.4057
12	2885 元大金	15.50	△0.20	+1.31%	15.60	15.35	0.25	39,801	6.1657
13	3231 緯創	34.95	▲2.25	+6.88%	34.95	32.40	2.55	37,748	12.7537
14	2311 日月光	26.50	▽0.40	-1.49%	26.95	26.35	0.60	37,307	9.9193
15	2317 鴻海	69.20	▽0.80	-1.14%	70.90	68.60	2.30	36,961	25.6561

（資料來源：Yahoo!奇摩股市）

　　想知道眾人追逐的目標，就要看熱門股排行。讀者可以從中挑選適合的股票，配合股價圖、分價圖來判斷行情。

2-1

價量選股法

漲跌幅排行：

| 法人進出　成交比重　資券餘額　熱門排行 | | | | | | | | | |
| 資料日期：100/09/30 13：30 | | | | | 上市漲幅排行 | | | | 上櫃漲幅排行 |
名次	股票代號/名稱	成交價	漲跌	漲跌幅	最高	最低	價差	成交張數	成交值(億)
1	9941 裕融	53.50	▲3.50	+7.00%	53.50	49.50	4.00	4,189	2.1589
2	8011 台通	34.45	▲2.25	+6.99%	34.45	32.50	1.95	1,510	0.5064
3	8033 雷虎	9.04	▲0.59	+6.98%	9.04	9.04	0.00	580	0.0524
4	3638 IML	95.10	▲6.20	+6.97%	95.10	93.10	2.00	1,921	1.8242
5	2458 義隆	33.05	▲2.15	+6.96%	33.05	31.10	1.95	6,805	2.1901
6	3665 KY貿聯	28.45	▲1.85	+6.95%	28.45	26.55	1.90	512	0.1447
7	3573 穎台	47.75	▲3.10	+6.94%	47.75	45.35	2.40	1,924	0.9035
8	9928 中視	23.95	▲1.55	+6.92%	23.95	22.45	1.50	1,109	0.2627
9	2516 新建	9.11	▲0.59	+6.92%	9.11	8.62	0.49	2,544	0.2300
10	3376 新日興	61.90	▲4.00	+6.91%	61.90	60.10	1.80	2,284	1.4035
11	3697 KY晨星	162.50	▲10.50	+6.91%	162.50	153.00	9.50	13,428	21.4157
12	3231 緯創	34.95	▲2.25	+6.88%	34.95	32.40	2.55	37,748	12.7537
13	2358 美格	7.47	▲0.48	+6.87%	7.47	6.85	0.62	994	0.0732
14	6235 華孚	12.50	▲0.80	+6.84%	12.50	11.85	0.65	2,305	0.2822
15	2114 鑫永銓	57.90	▲3.70	+6.83%	57.90	54.50	3.40	535	0.3032

（資料來源：Yahoo!奇摩股市）

　　當日收漲停板的股票，可能是好消息出現；若是又創新高，這種股票適合短線上的交易。

成交值排行：

名次	股票代號/名稱	成交價	漲跌	漲跌幅	最高	最低	價差	成交張數	成交值(億)
1	2498 宏達電	685.00	△6.00	+0.88%	700.00	682.00	18.00	6,721	46.3638
2	2330 台積電	70.00	▽0.30	-0.43%	70.80	69.00	1.80	60,198	41.9732
3	2454 聯發科	337.50	△9.00	+2.74%	337.50	330.50	7.00	10,018	33.4984
4	2474 可成	179.00	▽2.50	-1.38%	185.00	177.50	7.50	16,863	30.4147
5	2317 鴻海	69.20	▽0.80	-1.14%	70.90	68.60	2.30	36,961	25.6561
6	2049 上銀	212.00	▽8.50	-3.85%	221.00	211.00	10.00	10,609	22.7959
7	3697 KY晨星	162.50	▲10.50	+6.91%	162.50	153.00	9.50	13,428	21.4157
8	2412 中華電	101.50	△0.50	+0.50%	101.50	100.00	1.50	19,886	20.0341
9	2353 宏碁	37.70	△0.30	+0.80%	37.75	36.60	1.15	48,001	17.8905
10	2886 兆豐金	21.35	△0.45	+2.15%	21.85	21.20	0.65	68,542	14.7702
11	2823 中壽	29.25	△0.40	+1.39%	30.10	28.65	1.45	46,432	13.6900
12	2881 富邦金	32.10	△0.10	+0.31%	32.80	31.95	0.85	41,946	13.5520
13	3008 大立光	717.00	△27.00	+3.91%	719.00	699.00	20.00	1,809	12.8567
14	3231 緯創	34.95	▲2.25	+6.88%	34.95	32.40	2.55	37,748	12.7537
15	3673 TPK	577.00	△17.00	+3.04%	582.00	569.00	13.00	2,121	12.2002

法人進出　成交比重　資券餘額　熱門排行
資料日期：100/09/30 13：30　　　上市成交值排行　　　上櫃成交值排行

（資料來源：Yahoo!奇摩股市）

　　成交值為什麼會大？原因在於眾人追買。這種成交量大的股票，要配合股價、壓力支撐、三大法人籌碼去觀察，才能確認是否可以作為買進的標的。

2-1

價量選股法

2-2
移動平均線

運用Y!選股找出股市黑馬

　　有條線，是一個投資人必備的武器。現在行情怎麼走，這條線會告訴你。有了這條線，就算不靠內線，你也能獲利。移動平均線，是你拋下投顧老師的萬能線。讓我們一起來學習如何使用吧！

什麼是均線原理？

　　移動平均線，又稱「均線」，要學習均線（市場簡稱MA，Moving Average），首先要知道均線是怎麼來的。

　　先丟出五個數字：10、12、14、18、21，假設這代表近五天每天的收盤價，平均出來是15，就是這五天的平均收盤價格。

　　而今天新產生的收盤價為20時，我們就把最早出現的10拿掉，數字列會變成12、14、18、21、20，平均出來是17，就是近五天最新的平均收盤價格。

　　把這一連串的平均過程放進電腦，電腦會自動幫我們計算出每天新的平均值。這些平均值所連接的線，就是移動平均線，以上例而言，就是五日均線，一般以MA5表示。

市場常用日、月、季及年均線

平時投資人使用的均線，在日線圖上，有MA5（週）、MA10、MA20（月）、MA60（季）、MA120（半年）、MA240（年）。

週線圖上，則有MA13（季）、MA52（年）。月線上，則是MA12（年）。建議讀者可以依照自己的操作習性，選擇適合的均線來使用。

MA如何判斷行情走勢

均線的行情要怎麼判斷？讀者可以參考下面的一些法則。

1. 長多法則：季線在年線之上。
2. 長空法則：季線在年線之下。
3. 中多法則：月線在季線之上。
4. 中空法則：月線在季線之下。
5. 短多法則：週線在月線之上。
6. 短空法則：週線在月線之下。

運用以上六種法則，我們就可以輕鬆判斷行情。

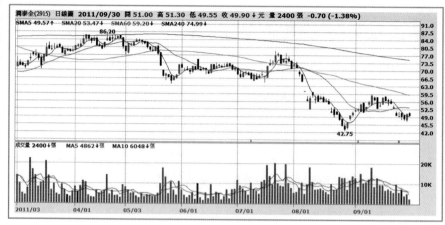

（資料來源：嘉實資訊）

以潤泰全（2915）作為例子：

MA60在MA240之下，判定為長空；

MA20在MA60之下，判定為中空；

MA5在MA20之上，判定為短多。

故潤泰全（2915）目前處於短多中空長空的格局。

MA的壓力與支撐

均線除了判斷趨勢外，最重要的功能就是壓力支撐。為什麼均線可以當壓力或支撐？主要在於成本概念。

首先，均線是成本線，所以股價跌到均線附近時，會形成一種支撐，因為跌下去就虧錢，說什麼也要給它撐著，股價自然形成支撐。

至於均線之所以可以成為壓力的原因，在於大家不想虧錢的心理。當股價跌破成本，會想盡辦法忍著，希望有一天能回到成本，這樣才可以賣掉。

　　因此，當股價回到均線附近時，投資人發現：「沒虧損」，就會想趕快賣掉，避免之後又再度虧損。這種心理因素導致股價一到均線附近，就被賣壓打下去，均線自然形成壓力。

　　再來就是均線的上揚和下降。均線上揚代表投資人成本不斷墊高，而投資人為什麼會不斷墊高成本買進？因為股價在漲，投資人有獲利，所以不斷買進，均線自然上揚。上揚的均線等同於上揚的支撐，不斷的幫助股價上漲。

　　下降的均線，並不是好現象。代表投資人不斷買進，不斷住套房，造成均線不斷下彎，未來股價碰到後會形成壓力，自然漲不上去。讀者碰到下彎的均線時，要格外謹慎小心。

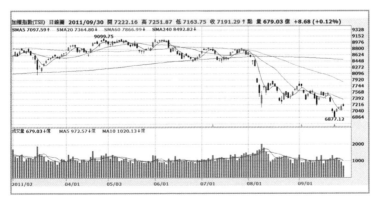

股價圖中，MA60和MA240都成為重要的支撐與壓力。

（資料來源：嘉實資訊）

二種均線實戰應用

➤➤ 應用1：均線交叉學

談到均線的運用技巧，不能不提到黃金交叉與死亡交叉。

1. 黃金交叉：短天期均線向上與長天期交叉，稱為黃金交叉。
2. 死亡交叉：短天期均線向下與長天期交叉，稱為死亡交叉。

交叉學的運用法則：黃金交叉時可以買，死亡交叉時可以賣。這是個簡單的運用法則，很多人靠著簡單的技巧就可以投資賺錢。這個法則其實就是在說明：「黑鮪魚，去頭去尾，只吃魚肚」的道理，不用買在最低，也不用賣在最高，只要獲取中間的獲利就好。

現在網路資訊多，連選股方式都幫我們設定好了，我們可以輕鬆利用Y!選股來找到想要的標的。

Y!選股──MA5穿過MA20黃金交叉與死亡交叉

MA5穿過MA20黃金交叉與死亡交叉──適合短線投資人。

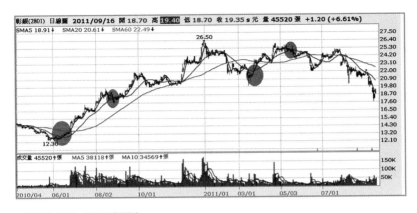

（資料來源：嘉實資訊）

上圖是彰銀（2801）日線圖，第一個圈圈是MA5突破MA20的黃金交叉，此時買進一張13.15元。等到第二個圈圈出現死亡交叉時賣出，賣出價位18元，獲利率33%。

Y!選股——MA20穿出MA60黃金交叉與死亡交叉

MA20穿出MA60黃金交叉與死亡交叉——適合中線投資人。

（資料來源：嘉實資訊）

2-2

移動平均線

　　上圖是神腦（2450）日線圖，第一個圈圈是MA20穿過MA60的黃金交叉，此時若買進一張50.4元。等到第二個圈圈出現，MA20穿過MA60的死亡交叉，以123元賣出該股，獲利率144％。

　　這兩項法則，都可以運用Y!選股來幫助我們挑選。

| 基本面 | 市場面 | 技術面 | 籌碼面 |

☐ 5MA突破20MA黃金交叉　　☑ 20MA突破60MA黃金交叉
☐ 5MA跌破20MA死亡交叉　　☐ 20MA跌破60MA死亡交叉

☐ 日線KD黃金交叉買點　☐ 週K>週D

選股結果	符合條件選股有6檔，目前顯示6檔　看全部			100/12/24 17:03
股名	價格（元） ⬦	漲跌（元） ⬦	漲跌幅（%） ⬦	20MA ⬦
☐ 2324仁寶	30.00	0.90	3.09	27.91
☐ 2390云辰	7.30	0.08	1.11	7.35
☐ 2901欣欣	27.20	0.30	1.12	24.74
☐ 3149正達	63.00	3.50	5.88	55.27
☐ 5364浩騰	0.87	-0.06	-6.45	0.90
☐ 9950萬國通	18.10	0.30	1.69	17.78

▼ 你的選股條件為：

1 20MA突破60MA黃金交叉

| 調整選股條件 | 加入投資組合 |

（資料來源：Y!選股）

延伸閱讀　　　　　【法意書城】www.pcstore.com.tw/phigroup/

均線是技術面分析中的一大重點，也確實能幫助投資人判斷趨勢。
大佛李其展在他的著作《外匯交易致勝兵法》中，更詳細地說明了均線變化與交易策略的巧妙搭配，其中的「葛蘭碧八大法則」，更是有效運用均線來掌握進出場點的重要技巧，幫助無數投資人解決疑惑。
全文在Chapter 2-2〈技術面分析──一切有圖有真相〉中，你絕不能錯過！

>> 應用2：**均線與收盤價**

均線與收盤價間的關係，可說是非常緊密。收盤價是計算均線的基礎，均線好比一條成本線，MA5代表著近五日投資人買進的成本均價。若股價在MA5之上，代表近五日買股票的投資人都賺錢，這對於投資人的心理有鼓舞作用。

市場上常用收盤價站上MA5、收盤價跌破MA5、收盤價站上MA240年線來選股。

收盤價在ＭＡ5上下，代表著短線的強弱。若股價站上去MA5，短線多頭強勢；若股價跌落MA5，短線空頭強勢。

要運用這個法則，首先得要注意整體趨勢。若是處於多頭趨勢，這種站上MA5的股票是可以試試；相反地，若是屬於空頭趨勢，不用考慮，因為這種在空頭趨勢中站上MA5的股票，不安全。

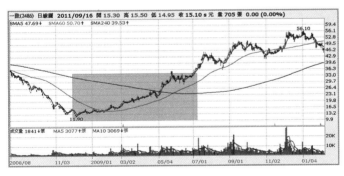

站上MA5後，MA5又在MA60之上，進場作多安全性高。

（資料來源：嘉實資訊）

特別談一下MA240與收盤價間的關係。MA240俗稱年線，代表這一年來買進股票的人的成本。若是股價在MA240之上，代表這一年買股的人都賺錢；反之則賠錢。

前面也提到過，年線可用來判斷長期多空位置，因此年線深具重要意義。年線附近經常出現多空膠著戰，兩軍對峙，誰勝誰負就看這一役。多方贏了，趨勢維持多方；空方贏了，股價自然不會留任何情面，直接跌下去。

報章雜誌出現「年線攻防戰」時，不妨關注一下，台股的趨勢就要看年線是否能守住。因此若想找一個長期投資標的，可以利用股價站上MA240的條件，這些股票的重點在於能否站穩年線，若能站穩都是好的現象。

加權指數若有站穩年線以上，整個趨勢呈現多頭，對個股都有好處；但若跌破年線，則代表整個趨勢由多轉空，可就不是投資人所樂見的。

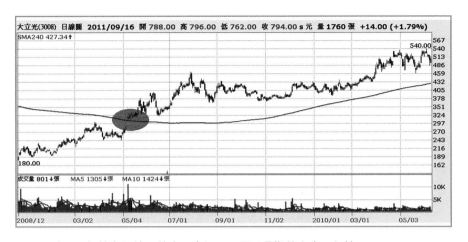

大立光（3008）站上年線，基本面良好下，展開長期的大多頭行情。

（資料來源：嘉實資訊）

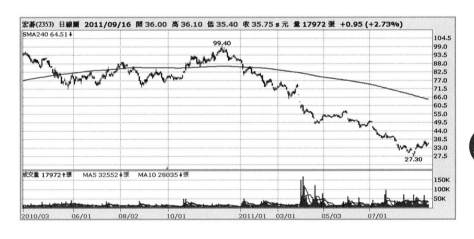

宏碁（2353）跌破年線，基本面不佳的情況下，毫不給投資人面子，一路殺下去。

（資料來源：嘉實資訊）

第三章
籌碼面選股

3-1
操盤高手專攻籌碼
搞懂市場遊戲規則，就等著獲利！

「台股多空交戰勝負未分，融資餘額近三個月減幅較台股跌幅為多，現階段水位相對健康，而台股與季線乖離率接近-10%，大盤短線籌碼面與相對位置仍有優勢，也醞釀反彈機會。」

——擷取自《經濟日報》

籌碼面概述

上面開頭的一段文字，經常會見報。不管行情好壞，財經名嘴總是會注意籌碼面。籌碼面在台股的重要性相當高，是讀者一定要知道的技巧。

有別於基本面、技術面、市場面的資訊，籌碼面是一門高深的學問。正所謂「高手看籌碼」，高手之所以為高手，自有其強大之處。

一檔股票會不會漲，除了基本面良好外，要看有沒有人想操作它。台股市場中，有許多股票基本面其實都不錯，但股價就是沒有那麼好看，他們跟宏達電、大立光等明星股票到底差在哪裡？

宏達電、大立光業績好，眾人追捧，享有高股價，但也有基本面良好的公司，卻沒有獲得相應的股價。

▶▶ 重點其實就在「籌碼」！

市場中的籌碼，就是在市場中買賣的股票。公司發行多少股票，籌碼就有多少。籌碼分析，就是用來觀察這些股票掌握在誰手上。

請讀者要記住，握有籌碼的人最大。籌碼持有者，擁有左右股價漲跌的實力。若是籌碼在散戶手上，散戶資金少，要想讓股票上漲很難。然而，若是籌碼在主力手上，就有想像空間了。因此，我們喜歡籌碼在主力手上，而非在散戶手上。

接著，要告訴讀者，籌碼主要在看什麼。

▶▶ 籌碼面停看聽？

主力券商

主力券商就是主力在下單的券商，例如主力在元大證券開戶，他就會在元大下單。每一檔股票的主力券商，可能相同，也可能不同，但有其規律在。假設有飆股A股，觀察一段期間的主力券商，就可以抓到誰在操作這檔股票。

三大法人

三大法人分別為外資、投信和自營商。其中，較具有參考性的

是外資、投信。他們看上的股票,基本面都不錯,通常只要耐心持有,多半都有獲利進帳。至於自營商,由於其特殊性,參考價值不高。三大法人關注的重點,在於買賣超和持股的比重。

董監事持股

董監事是公司中最知曉公司營運狀況的內線人士,觀察他們的持股比例,可以推測是否對公司有信心。質押比則可以看出公司的財務狀況,也是需要注意的比率,後面會有更詳細的介紹。

庫藏股

在籌碼面的運用上,著重於公司護盤。當公司發現股價差強人意時,若採用護盤的策略,對股東而言是劑強心針。

融資融券

市場常把融資融券當成散戶指標,然而近年來,主力也會採取融資方式來鎖住籌碼。在行情的漲跌上,融資券的增減也會影響到後續走勢,這點值得留意。券資比會影響到軋空行情,透過融資維持率則能幫助我們找到放空標的。

看到這裡,是否急欲開始對籌碼面一探究竟?在之後的內容,會分門別類地告訴讀者,該如何使用籌碼面。

3-2
董監事改選行情
籌碼、質押比率、時間點缺一不可

「神腦股本25.45億元，股本其實不大，其中董監事持股3成，再加上中華電（2412）也有持股，其實流通在外股份不多，一旦稍有變動，股價很容易起伏。」

——擷取自網路

公司的董監事和大股東們，握有公司上下事務的決定權。公司未來的發展好與壞，這些董監事和大股東們最清楚。我們可以透過觀察董監事和大股東的持股，提早找到行情。

董監事和大股東持股比例資訊

台灣的公開資訊相當完整，董監事和大股東們有任何持股變動，都需要公告給一般大眾知曉。對於投資人而言，這可是免費的福利，要好好運用。資料要去哪裡找？各大券商都有資料可供查詢，或是利用公開資訊觀測站。

董監事持股餘額明細資料

2330台灣積體電路製造股份有限公司

本資料由　(上市公司)台積電　公司提供

內部人若具二種以上身份，每種身份別會揭露同樣股數，勿重複累計

資料年月:10008

職稱(包括董事、監察人、董事代表人、監察人代表人、經理人及大股東)	姓名	選任時持股	目前持股	設質股數	設質股數佔持股比例	配偶、未成年子女及利用他人名義持有部份 內部人關係人目前持股合計	設質股數	設質比例
董事長本人	張忠謀	118,047,697	123,137,914	0	0.00%	135,217	0	0.00%
副董事長本人	曾繁城	36,144,509	34,862,875	0	0.00%	132,855	0	0.00%
董事本人	行政院國家發展基金管理會	1,845,482,861	1,853,709,980	0	0.00%	0	0	0.00%
董事之法人代表人	李羅熙	0	0	0	0.00%	0	0	0.00%
董事本人	蔡力行	27,768,636	34,091,046	0	0.00%	0	0	0.00%

（資料來源：公開資訊觀測站）

　　董監事和大股東持股比例要公布的原因，在於避免有任何內線交易的可能。公司有什麼狀況，第一個知道消息的，就是這群董監事。如果先知道利空消息，把手中的股票賣掉，這市場就沒有公平性了。因此，透過公布這些變動，可以讓投資大眾提早嗅出一點變化。

　　除了查詢董監事持股比例外，也要注意哪些公司的董監事們有持股不足的情況，這可以作為判斷董監事改選行情之用。讀者可以點選「董監大股東持股、質押、轉讓」，選擇項目下面的「董事、監察人持股不足法定成數彙總表」，打開後即可得知哪些股票的董監事持股不足。

（資料來源：公開資訊觀測站）

公司名稱	已載行股份總數	應持有股數	本人實際持有股數	法人代表人分戶集保股數	保留運用決定權信託股數	不足股數	應持有股數	本人實際持有股數	法人代表人分戶集保股數	保留運用決定權信託股數	不足股數	持股不足已通知其董監
1213大飲	51,475,116	5,147,511	6,567,040	0	0		514,751	249,951	0	0	264,800	O.K.
1312國喬石化	926,620,328	37,064,813	44,534,722	0	0		3,706,481	2,500,000	0	0	1,206,481	O.K.
1459聯發紡織	358,628,907	17,931,445	15,090,582	0	1,836,000	1,004,863	1,793,144	8,333,410	0	0		O.K.
1475本豐光電	54,194,581	5,419,458	13,530,396	0	0		541,945	4,200	0	0	537,745	O.K.
1532勤美	373,817,275	14,952,691	97,101,345	0	1,080,000		1,495,269	1,101,480	0	0	393,789	O.K.
1617榮星電纜	140,724,467	10,554,335	7,822,182	0	0	2,732,153	1,055,433	7,162,767	0	0		O.K.
1721三晃	73,676,977	7,367,697	4,992,951	0	0	2,374,746	736,769	1,242,068	0	0		O.K.
1729永記造漆	162,000,000	12,150,000	34,333,795	0	0		1,215,000	333,134	0	0	881,866	O.K.
1805寶徠	50,265,400	5,026,540	24,968,064	0	0		502,654	447,808	0	0	54,846	O.K.
2009第一伸銅	359,622,165	17,981,108	102,252,656	0	0		1,798,110	1,589,597	0	0	208,513	O.K.
2031新光鋼	277,257,272	15,000,000	29,057,967	0	0		1,500,000	292,037	0	0	1,207,963	O.K.
2359美格	65,000,000	6,500,000	5,285,011	0	0	1,214,989	650,000	250,000	0	0	400,000	O.K.
2361鴻友科技	72,463,383	7,246,338	9,696,161	0	0		724,633	396,776	0	0	327,857	O.K.
2427三商電腦	190,314,443	14,273,504	98,755,956	0	0		1,427,358	46,763	0	0	1,380,595	O.K.
2438英誌企業	120,142,712	10,000,000	11,865,961	0	0		1,000,000	680,538	0	0	319,462	O.K.

（資料來源：公開資訊觀測站）

四大招學會用董監事持股來獲利

>> 第1招：籌碼變化看公司營運

董監事籌碼的基本招式，就是看董監事們持股多寡。

1.持股比例高，董監事對公司信心度高。

2. 持股比例低，董監事對公司信心度低。

我們可以透過選股工具來篩選出適合的股票。

籌碼面選股之董監持股比例選股法

觀察董監持股變化，可由內部人的持股變動來判斷內部人對公司的看法。另一方面則是籌碼面的因素，證期會為了防止公司派掏空公司的機會，規定在董監事持股必須達到一定成數，依發行公司股本大小不同，董事合計持股不得低於公司股本的7.5%至15%，監察人合計持股則不得低於0.5%至1%。因此當董監事持股比例不足時，預期將必須至市場買回股票而使得股價有上漲動力。而公司的董監事為三年改選一次，因此如果遇到該年將改選董監事，若董監事持股不足，將可能使市場派趁機買入主公司，在這個情況下，個股都存在有潛在買盤，將使股價上漲。若因董監持股不足而發生經營權爭奪戰時，股價將可能有巨大漲幅。因此檢視董監持股低的個股，將可能存在潛在買盤。

◉ 我要找董監持股比例超過 20 ▾ % 的股票
◯ 我要找董監持股比例低於 5 ▾ % 的股票

🔍 開始尋找

（資料來源：嘉實資訊）

籌碼面之董監持股比例選股法
日期：12/20

股票名稱	收盤價	漲跌值	漲跌幅	董監持股比例
6505台塑化	94.00	0.80	0.86%	83.01
1259安心	150.00	-2.00	-1.32%	80.53
8046南電	59.50	-0.10	-0.17%	67.51
6702復航	17.85	-0.05	-0.28%	67.01
4960奇美材	17.65	0.10	0.57%	60.01
9941裕融	46.40	0.10	0.22%	58.55
5820日盛金	6.84	-0.11	-1.58%	56.42
5347世界	10.20	0.15	1.49%	56.07
9907統一實	13.30	0.20	1.53%	53.34
2204中華	25.50	0.55	2.20%	52.44
2849安泰銀	13.20	0.30	2.33%	52.41
2427三商電	8.50	0.05	0.59%	51.91
4523永彰	36.35	0.15	0.41%	50.98
4934太極	10.10	-0.25	-2.42%	50.76
4725信昌化	59.50	1.00	1.71%	50.53
2610華航	11.55	0.15	1.32%	50.32
8008建興	23.50	-0.25	-1.05%	50.11

（資料來源：嘉實資訊）

▶▶第2招：**籌碼在誰手上**

台積電(2330)籌碼分佈		
		日期:09/29
	張數	佔股本比例
董監持股	1,847,082	7.13%
外資持股	18,829,901	72.66%
投信持股	282,164	1.09%
自營商持股	171,501	0.66%
法人合計	19,283,566	74.41%
集保庫存	25,915,055	100.00%
融資餘額	21,440	0.08%
融券餘額	7,299	0.03%
六日均量	59,913	0.23%

附圖：
1.大戶與散戶之籌碼比：
   大戶＝董監＋法人持股總數
   散戶＝融資餘額
2.籌碼安定度：
   大戶＝董監＋法人持股總數佔總股本比例
3.由於董監可能是外資，
   故股本比例總和有可能超過100%

大戶與散戶之籌碼比

大戶
21130648
(99.90%)

散戶
21440
(0.10%)

籌碼安定度

大戶
81.54
(81.54%)

其他
18.46
(18.46%)

（資料來源：嘉實資訊）

　　一家公司的籌碼在誰手上，這是個十分重要的問題。以台積電為例，三大法人持有74.41％，再加上有7.13％的董監事持股，超過80％的籌碼在主力手中。這種股票不會受到一般散戶的影響，也就是所謂的「籌碼穩定」。

　　籌碼穩定的股票，下跌有支撐，主力大戶們會想辦法撐著。要上漲，就要看主力大戶們怎麼想，但不會有太差的行情。

≫ 第3招：**質押比看端倪**

質押是用公司的股票當做擔保品，向銀行借錢。

質押對一家公司來說，是種不利的現象。董監事會想要去質押有很多原因，除了個人的因素外，還有公司的因素，最怕的就是公司經營績效不好。銀行若發現公司可能還不出錢來，會要求質押。此時，身為公司高層的董監事們，會將公司股票當作擔保品質押給銀行。

讀者在使用選股工具時，挑選出一些股票後，要再觀察公司董監事的質押比。若質押比高達80％以上，可以直接略去不看。

本資料由（上市公司）友達　公司提供
內部人若具二種以上身份，每種身份別會揭露同種股數，勿重複累計
資料年月:10008

職稱(包括董事、監察人、董事代表人、監察人代表人、經理人及大股東)	姓名	擔任時持股	目前持股	設質股數	設質股數佔持股比例	配偶、未成年子女及利用他人名義持有部分 內部人關係人目前持股合計	設質股數	資質比例
董事本人	李焜耀	10,532,153	10,512,153	0	0.00%	1,451,765	0	0.00%
副董事長本人	陳炫彬	6,197,633	5,947,633	2,200,000	36.98%	168,851	0	0.00%
董事本人	陳來助	2,959,118	2,419,118	1,200,000	49.60%	90,640	0	0.00%
董事本人	佳世達科技股份有限公司	663,598,620	663,598,620	581,315,655	87.60%	0	0	0.00%
董事之法人代表人	柯曜	0	2,600,000	2,500,000	96.15%	0	0	0.00%
董事本人	佳世達科技股份有限公司	0	663,598,620	581,315,655	87.60%	0	0	0.00%
董事之法人代表人	游克用	0	1,554,049	0	0.00%	192,023	0	0.00%
董事本人	彭双浪	2,533,660	2,473,660	0	0.00%	411,779	0	0.00%
董事本人	財團法人明基友達文教基金會	100,000	100,000	0	0.00%	0	0	0.00%
董事之法人代表人	莊人川	0	124,950	0	0.00%	0	0	0.00%

（資料來源：公開資訊觀測站）

>> 第4招：董監事改選行情

　　每年的4月到6月，股東會陸續登場。若是當年度有董監事任期
到期，便會選舉下一任的董監事。法律上規定，董監事的任期為
3年，因此3年一到，就要重新選舉。

　　董監事改選，跟散戶們有什麼關係？觀察過去有董監事選舉的
公司，都可能會有一波行情，我們可以利用董監事改選行情來賺
取一波獲利。

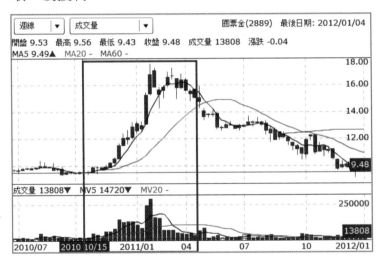

國票金（2889）董監事改選行情，自10元左右起漲，漲至17元，漲幅達7成。

（資料來源：Yahoo!奇摩股市）

　　首先，依照下列步驟，找到有董監事改選的公司。

步驟一：至台灣總合股務資料處理股份有限公司（http://www.twevote.com.tw/indexIE8.aspx）。

步驟二：點選「股東會訊息查詢」，再選股東會時間表。

若是當次股東會有需要改選董監，就會在「是否改選董監」欄位中顯示。

命中董監事改選行情題材股

接著,要教讀者如何善用四大招式,快速命中董監事改選行情題材股。

▶▶ 招式1:**董監事持股比率低**

董監事持股比率低的公司,在面臨要改選董監事時,大股東們會想辦法買進股票,求得可以參加改選的門票。

▶▶ 招式2:**挑選上市股票優先**

要進行董監事改選的公司,有上市和上櫃公司。筆者建議先挑選上市公司,因為能上市的公司,財務結構相對安全性高。

▶▶ 招式3:**大股東結構**

觀察大股東結構,若大股東組成多半是政府機關或大型家族企業時,這類公司要發生董監事行情的機率較低。

▶▶ 招式4:**找尋被低估的股票**

被低估的股票,可以從三方面著手:第一個是「本益比」;第二個是「股價淨值比」;第三個是「現金殖利率」。

本益比要低,所以選擇處於15倍以下,或是比歷史本益比平均低是最好的。股價淨值比要低,處於2以下為宜。現金殖利率部分,選擇4%以上的股票較佳。

擁有以上特質的公司，財務狀況、營收狀況都不錯，因此就算沒有董監事行情可以跟，也可以留著賺股利。

股東會前3～6個月進場布局

最後，要怎麼找進場買賣點，有以下三大法則。

要比股東會早布局

建議讀者在股東會前的3～6個月，進場布局。股東會約在4月到6月進行，也就是說要在去年年底提前布好局。

報紙媒體消息

若是不知道有哪些公司要改選，特別是沒有公布改選日期的公司，報紙會是不錯的參考來源。

然而，當報紙和媒體開始不斷地放送：「XX公司董監事改選行情亮眼」，此時賣點浮現，因為當媒體大肆宣傳時，表示行情已經走一段了，也暗示著行情快要結束。

停止過戶日

停止過戶日，是要操作董監事改選行情的讀者要注意的日子。停止過戶日前，大股東們的股票其實都買得差不多了。等這日子一到，董監事改選完畢，接下來大股東就會開始賣出不需要的股票，對於我們而言，也是跟著賣出的好時機。

以國票金（2889）為例：

2010年11月16日，新聞指出，國票金於2011年將進行董監事改選。

2011年4月25日，國票金最後過戶日。

2011年6月24日，董監事改選。

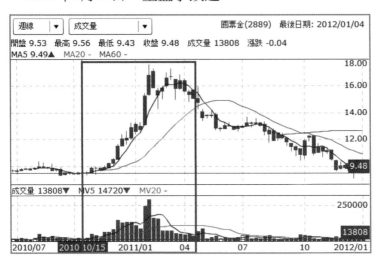

（資料來源：Yahoo!奇摩股市）

當時，若是想要搭這一趟董監事改選行情，勢必要在2010年底布局。2011年4月21日後，開始跳空下跌。但是，停止過戶日不是還沒到？若是從技術面上來觀察，是真的該出場了。因為頭部已經出現，也代表著董監事改選行情的落幕。

延伸閱讀

市場上流傳一句：「新手看價，老手看量，高手看籌碼」，法意集結投資高手，在《籌碼分析—不傳之秘》一書中，一同分享股、期權籌碼分析秘法，讓理論與實戰應用完美結合，大內高手獲利秘技+快速攻略，僅此一本！

想知道如何利用董監事持股比重等資訊，於股市中輕鬆大賺一票嗎？

請見該書中的〈和最固執的投資者一起進場〉一文，你將擁有意想不到的寶貴收穫喔！

3-3
庫藏股透露什麼訊息？
聯發科、日月光、台光電案例操作

「宏達電（2498）自2011年9月以來天天大買庫藏股，週三台股重挫跌破7,300點之際，宏達電再斥資7.72億元買回1,005張，支撐股價小跌1.3％，與股王大立光（3008）差距縮小到僅5元，持續股王爭霸戰。」

——擷取自《中國時報》

公司買回庫藏股用意

買回庫藏股，是多數大公司會使用的非必要手段。一般定義為公司用自己的錢，從市場中買回自己的股票。當一家公司要執行庫藏股操作時，多半都有特定目的。

1. 發給員工

員工工作很辛苦，想要發給員工公司股票時，又不想增加在外流通的股票。此時，從市場買回來最快，只要執行庫藏股政策，就可以買回來，再發給公司員工，是一舉兩得的作法。

2. 價值低估

公司的營運狀況沒有很差，但是股價表現就是不好，甚至有超

跌的情形。此時，公司會採取庫藏股的政策，讓公司在外面流通的股票變少。之後，股價要漲就會變得比較容易。

3. CB到期

公司過去有發行可轉換公司債（CB）時，未來公司債到期，債權人想要轉換成公司股票。此時，為了避免在外流通股票增加，公司會用庫藏股的政策，買回股票給債權人轉換。

4. 保護公司

A公司想吃掉B公司，但B公司不想被併購。B公司可以利用庫藏股政策，買回股票，讓股票都在公司自己手上。A公司要買股票，只能買到少許部分，降低收購B公司的可能性，B公司也達到保護經營權的目的。

如何找尋實施庫藏股的公司？

讀者可以從公開資訊觀測站找尋庫藏股資料。

第一步：進入「公開資訊觀測站」→「基本報表」→「庫藏股統計表」。

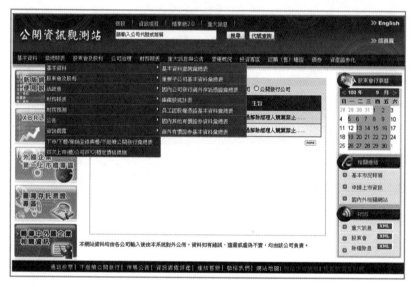

第二步：設定時間。

第三步：搜尋結果，若想用在Excel上，可以選另存CSV檔。

第四步：更進一步的資料，在「基本資料」→「庫藏股」→選取選項後，打入股號，就有詳細資料出現。

照過來！放空投機者要小心

公司祭出庫藏股政策，對於股價會有一定的影響性。看到公司要採取此政策時，讀者就要想到：

1. 公司正警告放空者

公司警告放空的投機客們，為了自己的荷包著想，不要再繼續放空公司的股票。當我們在挑選放空標的時，不會去挑強勢股，一定都是挑弱勢股。但，有哪間公司會喜歡自己的股價表現那麼差？

所以，公司在決定採行庫藏股政策時，就不要跟公司硬碰硬，有做空的請趕快回補。

2. 公司對營運狀況有信心

公司為什麼會買回自家股票？就是對公司有信心。股價極容易受到大眾投資人的心理影響，可能某天一個利空消息出來，就會出現恐慌性賣壓，結果公司的股價就莫名其妙被打到谷底。

公司狀況明明很好，沒理由股價這麼低。此時公司的高層們，採取庫藏股政策，就是要告訴市場上的投資人：「我們是間好公司！」

而且，公司買進股票時，在外流通的股數會減少，EPS（每股

盈餘）會上升。這意味著，每位股東能得到的利潤變多了，對於股價的上漲，無疑是個強大的助力。

3. 公司手頭現金多

巴菲特和彼得‧林區都說過，好公司是會買回自己的股票。公司有能力買回自己的股票，代表公司手頭現金多；公司現金多，代表可以用來投資對公司有利的事業，這種公司可是價值型投資者的最愛。

一旦實行庫藏股，代表買點浮現

對於讀者而言，庫藏股最重要的點在於：進場點浮現。

公司買進庫藏股，若是因為股價被低估，代表公司要「護盤」。往往公司董事會通過庫藏股政策時，特別是針對維護股東權益的目的，市場都會做利多解讀。

姑且不論公司的護盤功力如何，公司買股票的位置，基本上都告訴你了。未來股價跌到公司的成本價位附近，無形中就會形成一道強力支撐，因此讀者若趁此時買進，下跌的風險小，虧損機率就小得多。

所以，庫藏股政策的實行，代表短期內有低點出現。

至於是否值得買進，建議還是要搭配觀察該公司基本面、技術面、市場面三大面向，畢竟過去也曾經有公司執行庫藏股失敗的案例。

基本面

營收：找尋營收持續成長的公司。

獲利：找尋毛利率、淨利率好的公司。

財務：負債不要太高。

產業：產業是否是成長產業？

商品：公司商品是否有前景？

技術面

線型是否好看？是否有W底等型態出現？

指標是否有止跌？

市場面

股價位置是否在相對低點？

成交量是否健康？

大盤目前的狀況？

讀者可透過以上三種面向，去判斷這檔股票，是否能因為庫藏股政策而買進。

聯發科、日月光、台光電案例

　　給讀者看看幾個過去實施庫藏股的例子，我們可以比對一下實施庫藏股買回期間的平均價格位置，對照如附圖說明該期間與之後的股價走勢，相信讀者會有所體會。

▶▶ 範例1：**日月光（2311）**

1. 董事會決議日期：100／08／15（第4次）
2. 買回股份目的：維護公司信用及股東權益
3. 買回股份種類：普通股
4. 買回股份總金額上限（元）：19,444,931,973
5. 預定買回之期間：100／08／16～100／10／15
6. 預定買回之數量（股）：34,000,000
7. 買回區間價格（元）：20.00～45.00
8. 買回均價：25.72

1. 董事會決議日期：100／09／01（第5次）
2. 買回股份目的：維護公司信用及股東權益
3. 買回股份種類：普通股
4. 買回股份總金額上限（元）：23,398,079,473
5. 預定買回之期間：100／09／02～100／11／01
6. 預定買回之數量（股）：50,000,000
7. 買回區間價格（元）：20.00～42.00
8. 買回均價：26.68

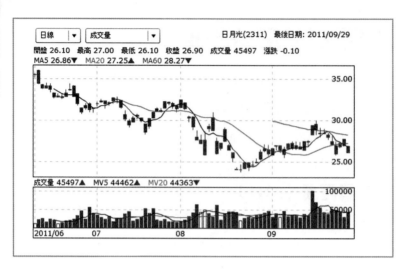

日月光低點在23.75，但可以看到26元一帶，形成一個支撐地帶，股價呈現橫盤。

（資料來源：Yahoo!奇摩股市）

≫範例2：**台光電（2383）**

1. 董事會決議日期：100／08／22

2. 買回股份目的：維護公司信用及股東權益

3. 買回股份種類：普通股

4. 買回股份總金額上限（元）：1,869,715,948

5. 預定買回之期間：100／08／23～100／10／22

6. 預定買回之數量（股）：3,000,000

7. 買回區間價格（元）：15.00～30.00

8. 買回均價：23.06

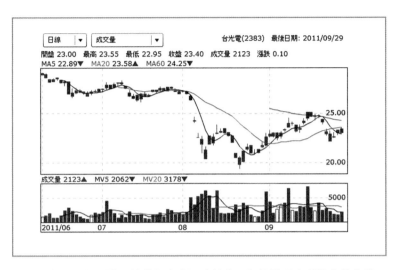

股價圖上，在台光電開始執行庫藏股政策後，股價呈現守穩往上的趨勢。

（資料來源：Yahoo!奇摩股市）

>> 範例3：聯發科（2454）

1. 董事會決議日期：100／07／13

2. 買回股份目的：維護公司信用及股東權益

3. 買回股份種類：普通股

4. 買回股份總金額上限（元）：82,017,132,833

5. 預定買回之期間：100／07／14～100／09／13

6. 預定買回之數量（股）：8,000,000

7. 買回區間價格（元）：247.00～371.00

8. 買回均價：263.78

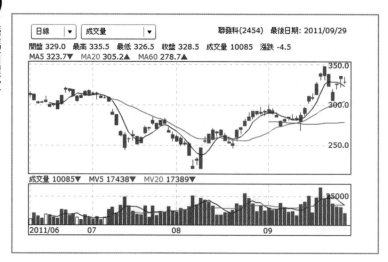

股價圖上，可以明顯看出聯發科在執行庫藏股後，有守穩往上的趨勢。

（資料來源：Yahoo!奇摩股市）

3-4
搭上外資順風車
打敗外資的四大絕招

「隨著國際經濟局勢的變化，台股近期深受歐美股市影響震盪加劇，本週則在三大法人同步站在賣方的衝擊下，單週指數大跌146點，週五以7,610.57點收市，跌幅1.89%。值得注意的是，外資買超族群，股價表現均相對強勢，短線不少受外資青睞的標的，股價均站上5日均線以上，其中又以電子股占大宗。從外資買超前15大強勢股來看，其中電子股占有11檔，包括電子上游半導體、下游硬體、部份零組件族群、以及電信股等；至於買超的非科技股，則以通路股、橡膠、運輸等為主。」

──擷取自《經濟日報》

三大法人中的「外資」，擁有投信、自營無法匹敵的資金，在台股市場上呼風喚雨。此外，外資擁有豐富的研究資源，提出的研究報告，素質之高，眾人莫不關注。因此，要想在台股中獲利，一定要了解外資的動作，舉凡外資買賣什麼股票，都要十分關注。

揭開外資圈神秘面紗

≫ 外資分類

在台灣投資的外資，有「合格外國機構投資者（QFII）」、「合格境內機構投資者（QDII）」、「境內外自然人投資」，以及「投信募集的海外資金」。

合格外國機構投資者（QFII）

來源有共同基金、退休基金、對沖基金、國外銀行、保險公司與證券商公司等，只要經過金管會核准通過，即可投資台灣。這些通稱QFII的資金，在中央銀行的監控下匯入資金，受到外資們青睞的個股，往往都會產生資金行情。

合格境內機構投資者（QDII）

在台灣的QDII，主要為陸資。QDII在台灣的分類上，都是與外資QFII放在一起，因此在證券交易所的許多數據上，會和外資QFII一起計算。

境內外自然人投資

這個分類主要是針對華僑、外國人。這些人是不具有公司機構身分，並對投資台灣有興趣的自然人，經過核准就可以匯入資金投資台灣。

3-4

搭上外資順風車

投信募集的海外資金

國內大型投信在國外募集資金後，將資金用來投資國內股票，這是針對國外對投資台灣有興趣的外國人所設計的機制。

≫外資習性

喜好買大型權值股

外資中的共同基金是投資台股的最主要推手，共同基金多半不會投資風險太高的股票。台灣的中小型股由於波動大，可能會有連續幾天漲停、連續幾天跌停的現象，外資共同資金通常不會介入。權值股例如台積電（2330）、鴻海（2317）等，其好處是流動性佳，外資買賣容易，風險相對較小。從證券交易所公布的外資持股，也可以看出外資持股大多數為權值股。

100年09月29日外資及陸資買賣超彙總表				(股)
證券代號	證券名稱	買進股數	賣出股數	買賣超股數
2886	兆豐金	22,867,750	5,988,400	16,879,350
2330	台積電	33,504,886	18,545,100	14,959,786
2303	聯電	14,609,587	5,808,000	8,801,587
2885	元大金	11,550,071	3,240,958	8,309,113
2412	中華電	9,670,838	1,659,457	8,011,381
2618	長榮航	8,815,000	830,000	7,985,000
2325	矽品	10,603,069	3,340,000	7,263,069
2382	廣達	9,882,036	3,134,500	6,747,536
2892	第一金	11,737,356	5,309,320	6,428,036
2891	中信金	11,800,360	6,107,800	5,692,560
2883	開發金	9,398,403	3,808,000	5,590,403
2317	鴻海	11,423,881	5,979,901	5,443,980
2887	台新金	6,005,009	1,713,000	4,292,009
1402	遠東新	5,929,003	1,766,000	4,163,003
3481	奇美電	6,270,107	2,111,000	4,159,107
2454	聯發科	4,059,912	1,032,200	3,027,712
1605	華新	4,435,126	1,447,000	2,988,126
2344	華邦電	3,748,000	970,000	2,778,000
1216	統一	4,754,188	1,989,000	2,765,188
2903	遠百	4,309,000	1,993,821	2,315,179
2610	華航	3,101,000	956,000	2,145,000
3576	新日光	2,539,180	783,624	1,755,556
2474	可成	6,039,000	4,284,800	1,754,200
2409	友達	25,098,221	23,486,488	1,611,733
2354	鴻準	2,360,761	802,000	1,558,761
2884	玉山金	7,265,587	5,832,022	1,433,565
2823	中壽	3,667,680	2,302,580	1,365,100
2880	華南金	2,627,471	1,267,000	1,360,471
9904	寶成	2,936,347	1,669,000	1,267,347
1312	國喬	1,290,228	89,000	1,201,228
2362	藍天	1,307,000	158,000	1,149,000
2449	京元電	1,175,391	32,000	1,143,391

（資料來源：台灣證券交易所）

連續買賣超

　　如果分析師對於產業或個股看淡時，便會在研究報告中調降評等。這是個很明顯的訊號，明示著：「大夥兒，該跑了。」接著，這檔股票就會天天出現在外資的賣超排行榜中。所以以後看到某檔股票被外資一直賣時，不要覺得奇怪，外資在開溜了！反之亦然。

外資報告評等

　　讀者可能都聽過一個現象，A券商的分析師說要強力買進某檔股票，結果A券商當日卻是賣超該檔股票。在此要提醒讀者，這是因為外資的研究報告出來後，不代表券商的客戶一定要照著做，報告只是建議這麼做。然而當「買進」（Buy or Strong buy）轉為「中立」（Neutral）或「持有」（hold）時，就隱含著要賣出的味道了。

3-4

搭上外資順風車

延伸閱讀　　　　　　【法意書城】www.pcstore.com.tw/phigroup/

1. 看懂全球經濟盛衰，才能夠準確預測外資動作，
　 請見Mr.X 艾克斯在《正宗多空—法意群俠台股
　 攻略》一書中的精彩文章〈Part 4 小李飛刀〉。
2. 想偷窺更多外資操作習性，悄悄跟著賺飽荷包？
　 更深入的介紹就在《籌碼分析—不傳之秘》中的
　 〈5問題 讓你搞懂外資〉一文喔！

教你如何跟著外資挑股票

≫外資招式1：**買賣抓流向**

外資要布局某些類股時，會需要賣出另一類股來轉移資金。此時，要觀察外資買哪些股票，這些股票是否是同產業？觀察資金流向能夠幫助投資人判斷，現在該選擇哪類的股票來投資。

在此建議讀者在觀察外資買賣時，起碼要持續關注1～2週，並比對過去一個月的情況，才能抓到外資的動作。

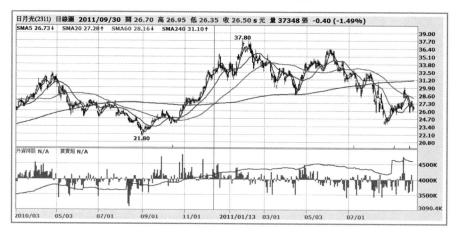

（資料來源：嘉實資訊）

2010年的7月至8月，外資大賣日月光，股價一蹶不振。9月開始連續買超一週後，外資繼續買超，日月光來到37.8的價位。

➤➤ 外資招式2：**看到連續買超就要跟！**

　　這個招式非常適合平常很少看盤的上班族們，外資本著長期投資的鐵則，不會短進短出，而且主要著重在大型權值股。所以，讀者們只要看到外資連續買超的股票，買進後短期套牢不要緊。記住：獲利是等出來的！

　　運用Y!選股篩選出外資連續買超的股票：

（資料來源：Y!選股）

3-4

搭上外資順風車

　　外資為什麼會連續買超？正如我們看到喜歡的東西，會買個夠的道理一樣，外資找到喜歡的股票了。前面也說到，外資屬於長期投資型，因此買進連續買超3天以上的股票，並緊緊抱牢，很有機會可以享受獲利的果實。

>> 外資招式3：**一代新人換舊人**

　　盤面新人如流行新趨勢一般，瞬息萬變。過氣的股票，如過季的衣服，看看就好。新的外資寵兒總是讓人眼睛為之一亮，我們可以透過排行榜來找尋他們的存在。

　　當買超排行出現新面孔時，投資人就可以列入追蹤，並配合外資招式2來買進。

資料日期：100/09/29	上市外資買超排行					上櫃外資買超
名次	股票代號/名稱	成交價	漲　跌	買超張數	外資持股張數	外資持股比率
1	2886兆豐金	20.90	△0.80	16,879	2,697,613	23.91%
2	2330台積電	70.3	0	14,960	18,829,901	72.66%
3	2303聯電	11.45	▽0.10	8,802	5,068,861	39.02%
4	2885元大金	15.30	△0.10	8,309	3,478,380	34.72%
5	2412中華電	101.0	△0.5	8,011	1,960,897	25.27%
6	2618長榮航	19.30	△0.35	7,985	448,875	15.15%
7	2325矽品	29.50	△0.80	7,263	1,742,715	55.92%
8	2382廣達	56.3	△0.3	6,748	1,277,903	33.27%
9	2892第一金	19.55	△0.30	6,428	1,351,780	17.63%
10	2891中信金	17.45	△0.40	5,693	4,736,041	47.45%
11	2883開發金	9.08	△0.09	5,590	1,564,650	14.04%
12	2317鴻海	70.0	△1.0	5,444	4,637,011	43.38%
13	2887台新金	11.75	△0.15	4,292	2,602,614	41.14%
14	1402遠東新	30.75	△1.10	4,163	1,156,333	23.61%
15	3481奇美電	12.40	0	4,159	1,384,309	18.92%

（資料來源：Yahoo!奇摩股市）

≫外資招式4：台指期未平倉量

讀者看到招式4時，可能會納悶：「做股票何必看期貨？」大家可別忘記，外資的資金大，可以影響台股的指數漲跌。因此，我們要清楚外資未來對於台股是看多還是看空，就一定得參考台指期未平倉量。

期貨交易所每天都會公布外資的期貨未平倉量，未平倉餘額在2,000口以上才算是有意義的，多單留倉表示外資偏多，空單留倉表示外資偏空。

期貨契約
日期：2011/9/9

單位：口數；千元

序號	商品名稱	身份別	交易口數與契約金額						未平倉餘額					
			多方		空方		多空淨額		多方		空方		多空淨額	
			口數	契約金額	口數	契約金額	口數	契約金額	口數	契約金額	口數	契約金額	口數	契約金額
1	臺股期貨	自營商	30,211	45,847,310	29,765	45,158,292	446	689,018	10,751	16,323,134	13,312	20,191,561	-2,561	-3,868,427
		投信	167	253,363	321	485,511	-154	-232,148	4,219	6,414,524	2,098	3,189,799	2,121	3,224,725
		外資及陸資	27,001	40,945,016	25,590	38,824,246	1,411	2,120,769	36,425	55,266,191	28,993	44,037,437	7,432	11,228,754
2	電子期貨	自營商	914	1,001,513	1,022	1,119,959	-108	-118,446	906	994,601	625	685,416	281	309,185
		投信	0	0	0	0	0	0	160	175,840	444	487,956	-284	-312,116
		外資及陸資	2,030	2,226,370	1,822	1,999,811	208	226,559	4,400	4,834,928	4,789	5,262,746	-389	-427,818

（資料來源：台灣期貨交易所）

3-4
搭上外資順風車

3-5
跟著投信買好股
穩健獲利六大招

　　「投信進場大買的股票以金融、傳產內需題材為主。在金融部份，受惠淨利差改善，營運體質普遍提升，加上具有ECFA後續協商會議的想像空間，不論在金融開放政策以及總統大選議題皆可受到關注，如第一金、兆豐金。傳產部份則包括塑化、紡織、鋼鐵、食品、中國通路，以分類指數觀察，食品類股上週漲幅3.46％，不僅在低迷的行情逆勢上漲，漲幅更顯得亮眼。」

——擷取自《工商時報》

　　開頭的這一段文字，是大家常常從報紙或網路上看到的資訊。投信買進的股票，從股價走勢上來觀察，表現似乎都不錯，有的甚至是支飆股。腦筋轉得快的讀者可能會想到：「我們是不是可以跟著投信買股票呢？」這個答案是肯定的，但是要會挑選才行，不是每檔都可以跟。然而在告訴大家如何運用前，要先知道什麼是投信。

投信二三事

　　提到「共同基金」，讀者一定都耳熟能詳，路上隨便抓一個人問可能都有投資基金。上班族不是專業投資人，無法整天

坐在電腦前盯盤，下班後又沒時間研究股票，基金正好符合這些想投資上班族的需求。至於台灣的基金是誰負責操作？就是「投信」。

投信募集投資人購買基金的錢，將這些大量資金投入股市中。但是在投入股市前，總該做一下研究，看看要買什麼股票，不能亂槍打鳥。此時投信公司裡的研究員就派上用場了。

研究員平日四處跑公司，打探公司消息，目的就是為了找尋好的投資標的。每天早上開會，研究員們要向基金經理人推銷自己研究出來的成果，當然免不了唇槍舌戰一番；若是基金經理人覺得某檔股票不錯，就會買進這檔股票。

根據金管會規定，投信的經理人在第一次買進新股票之前，一定要有研究報告才能買。而且經理人第一次買股時，只會先初步買一些，然後再慢慢增加持股。從投信買股票的過程，可以發現投信的持股是慢慢建立起來的，因此我們可以從中去下功夫，跟著投信買。

投信要買的股票絕對是反覆研究、精挑細選，一定要挑到最好的，因此很少買到地雷股；不像一般投資朋友研究個半天，還有可能買到會下市當壁紙的股票。

接著，就要來談談如何跟著投信買賣挑股票。

>>投信招式1：專挑投信買超前20名

證券交易所每天都會公布投信買賣超個股，真是偉大的資訊啊！我們可以利用這些資訊來製作Excel表，每天觀察，便可以輕鬆找到適合的標的。

讀者可以挑選每天買超前20名個股，再從技術面的角度來判斷是否符合進出場時機。一般投信會買進的股票，就基本面上可以放一百二十顆心，投信都幫我們研究過了，我們只需要挑選買點，等待股價起漲。

100年9月8日投信買賣超彙總表			(股)
證券代號	證券名稱	買進股數	賣出股數	買賣超股數
2330	台積電	5,163,000	128,000	5,035,000
2311	日月光	4,847,000	1,500,000	3,347,000
2317	鴻海	2,019,000	83,571	1,935,429
2002	中鋼	1,764,000	0	1,764,000
2886	兆豐金	3,708,000	2,060,000	1,648,000
8046	南電	1,560,000	0	1,560,000
1710	東聯	1,271,000	0	1,271,000
1201	味全	1,188,000	30,000	1,158,000
3697	KY晨星	1,147,000	0	1,147,000
6176	瑞儀	1,578,000	624,800	953,200
3231	緯創	1,103,000	335,000	768,000
2412	中華電	754,000	0	754,000
3005	神基	699,000	0	699,000
1101	台泥	1,070,000	380,000	690,000
2480	敦陽科	675,000	0	675,000
2353	宏碁	667,000	0	667,000

（資料來源：台灣證券交易所）

>>投信招式2：**連續買超2~5天**

　　何時投信會不斷買進一檔股票？就是當投信挖到寶的時候。利用Y!選股可以找到投信連續買超2～5天的個股，這種類型的股票在未來都會有不錯的漲幅。

選股結果	符合條件選股有163檔，目前顯示20檔 看全部					100/12/20 21:51
股名	價格(元)	◆	漲跌(元)	◆	漲跌幅(%)	◆
□1201味全	31.75		0.50		1.60	
□1203味王	19.10		0.10		0.53	
□1216統一	43.15		0.90		2.13	
□1232大統益	47.15		0.00		0.00	
□1234黑松	24.40		0.10		0.41	
□1301台塑	81.80		-1.60		-1.92	
□1303南亞	54.30		-0.60		-1.09	
□1313聯成	14.85		0.25		1.71	
□1315達新	25.85		0.40		1.57	
□1319東陽	31.00		0.20		0.65	
□1440南紡	9.42		0.02		0.21	
□1504東元	17.20		-0.10		-0.58	
□1532勤美	17.65		0.25		1.44	
□1537廣隆	38.15		-0.15		-0.39	
□1538正峰新	15.45		-1.15		-6.93	
□1583程泰	39.50		0.35		0.89	
□1809大亞	7.45		-0.05		-0.67	
□1811中電	16.50		0.00		0.00	
□1701中化	15.60		0.00		0.00	
□1711永光	14.80		-0.05		-0.34	

（資料來源：Y!選股）

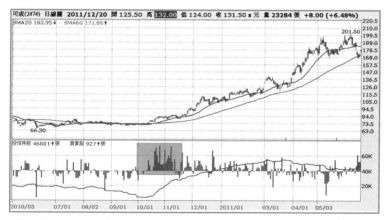

（資料來源：嘉實資訊）

>> 投信招式3：久旱逢甘霖，卯起來追

某天，一檔素未謀面的個股突然出現在買超排行榜，此時可以想像一下投信怎麼會突然買進這檔股票。

跟著投信買新進的個股，有什麼好處？主要是尚未起漲，價格還在投信的成本地帶。相較之下，投信買了很多天的個股，很多都已經漲翻天，我們只能望股興嘆，完全無法下手。所以發現有一檔很少出現的股票出現在買超名單中時，就可以放入自選股中觀察，接著再運用一些規則來輔助：

1. 連續買超三天，就要注意，看看是否有好買點。
2. 注意買超變化，看到賣超可考慮喊停賣出。

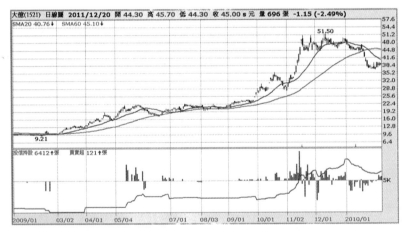

（資料來源：嘉實資訊）

>>投信招式4：**勿輕易放空賣超股**

前面都是介紹投信買超，至於賣超個股能做何用？在這裡，筆者只能告訴各位讀者，不要嘗試放空投信賣超的股票。

因為這很可能只是投信做一些調節的動作。要知道，投信的持股成本遠比一般人低很多，而且投信為了因應像我們這樣的投資人贖回基金，需要變換成現金給投資人，所以會有暫時賣掉持股的情況。若之後投信又再買回持股，轉賣為買，此時放空的投資人將會面臨虧損的風險。

因此，請記住，千萬不要放空投信賣超股。

（資料來源：嘉實資訊）

>> 投信招式5：**人多地方不要去**

每家投信發行的基金，每月都會依規定公布旗下基金前十大持股，這些資訊是否有用？筆者持保留態度，因為這些持股都是已經買進的持股。有時候同一家公司旗下的基金持股會大同小異，當眾基金買入相同的個股時，可能會讓這支股票變得很熱門，開始起漲。

俗話說：「人多的地方不要去。」此時再跳進去買，投資人可是會面臨極高的風險。此外，投信基金公布的持股多半是落後資訊，所以利用這種資訊來選股，風險可能偏高。

（資料來源：證券暨期貨發展基金會）

>> 投信招式6：**作帳行情，跟著買**

投信的基金經理人受僱於投信，跟多數人一樣都是上班族。基金經理人的績效形同考績，下一年度還想要留在公司，就要讓自己的績效數字漂亮。

因此，每年台灣股市都會上演投信作帳行情，上半年在6月底前，下半年則在12月底前，此時投信可能會再買進手中的持股，藉此拉抬股價。作為投資人，要怎麼利用作帳行情來短線獲利？可以運用一些規則來篩選：

1. 大型績優股為首選。例如：中鋼、台塑三寶等。
2. 中小型股以有題材成長性為原則。例如：蘋果概念股。
3. 偏好短線者，可以挑選成交量大的熱門股。
4. 若作帳股出現連續賣超現象，建議退場。
5. 媒體報導的消息要配合投信的進出來觀察，以免有利多出盡的可能。

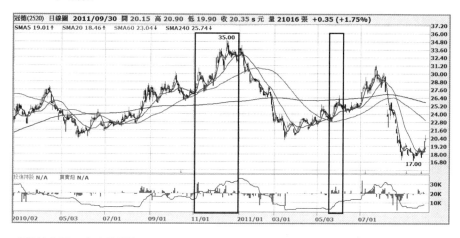

（資料來源：嘉實資訊）

　　上圖是冠德（2520）日線圖。投信作帳通常都是以12月該次作帳為大宗，從圖中也可以看出2010年11月起，投信就開始買進，冠德也從27元漲到35元左右，漲幅高達22.8%。

3-6
短線大戶的選股策略
自營商短進短出，賺了就跑

「自營商本週賣超前2名為台灣50與寶金融，賣超張數均約1萬餘張，前10大賣超標有多達7檔為金融股；至於買超標的，自營商本週買超前三名分別為宏碁、台積電與開發金，買超張數分別為2,000餘張與1,000餘張，其餘買超標的張數都低於千張以下，觀望氣氛相當濃厚。」

——擷取自《聯合晚報》

證券商除了靠幫客戶下單買賣股票來賺錢外，還可以自己賺錢，也就是靠自營商的交易員們。三大法人中的最後一位：自營商，雖然不像外資、投信資金那麼雄厚，但是這個股票市場不能沒有他們。要怎麼利用自營商來選股？在告訴讀者之前，勢必要讓讀者先清楚自營商的架構。

自營商的投資策略

資金面：多數自有資金

自營商的資金哪裡來？不像共同基金是對一般大眾募集資金，他們用的都是自己的錢，跟外資或投信的基金相比，規模較小，對股市的影響小很多。

操作面：一定要賺錢

在操作時遇到虧損，心情一定不會太好，因為是自己的錢。因此自營商的交易員們，追求的是：「一定要賺錢」。任何的進出都一定要有憑有據，不能隨意進出，有較多限制。

自營商多採取「短進短出」的策略，有賺就跑，不會跟股票長相廝守。風險控制得很嚴謹，只要有看錯做錯就停損出場。然而若錯估行情，股票反而上漲，自營商也會追高買回，只要賣在更高的價位就好。

股票面：偏愛中小型股

自營商喜歡的股票，第一是中小型股，因為中小型股易漲易跌；其次是成交量大的主流股，成交量大意味著很容易賣出；最後就是要有題材，有話題的股票才有人炒。

當然別忘了自營商是屬於證券商下面的部門，因此也較貼近市場。很多股票大戶都有固定在幾家券商下單的習慣，近水樓台先得月，大戶進場什麼股票，自營商其實很容易打聽到。因此，看自營商的買賣，有時可以知道市場大戶們的動向。

自營商操盤實例分析

自營商的特性是短進短出，投資人如果想要玩玩短線的股票，可以觀察自營商的當日買賣超，這些資料在Yahoo!奇摩股市排行榜中都有揭露。

投資人要運用自營商的買賣超排行榜時，要注意自營商短進短出的特性。當日買入的股票，隔天可能趁機拉高就賣出。若投資人在隔日進場買股，則有很高的機會住在高層的套房。因此在運用此招時，要有十足的把握才行。

筆者建議可以配合投信的買賣超來判斷，若是投信也有購買的股票，在操作上會是一個較為安全的標的。

如下圖，以冠德（2520）做為範例：

（資料來源：嘉實資訊）

冠德在2011年6月份期間，自營商出現連續買超。而投信買超出現在自營商買超之後，此時我們對操作冠德這檔股票就更有信心了。之後投信出現連續買超，自營商也是持續呈現同步買超。但是，不要忘記追蹤自營商的目的：短線有賺錢就走。來到7月份時，出現了大量賣超的現象，此時最好準備脫手，當出現投信、自營商都賣超時，不要懷疑，短線上先出場再說。

3-7
資券數字祕辛
券資比、資券變化、融資維持率的意義

「台股近期多空不定，指數持續維持狹幅震盪，空方勢力明顯增強，融券空單張數維持在近一年來高檔區，但軋空股無意中成為本波強勢股指標，包括聯發科（2454）、華亞科（3474）及英業達（2356）等股都出現明顯軋空走勢。」

——擷取自《經濟日報》

散戶指標──融資融券

台灣散戶投資人專屬的工具，「信用交易──融資融券」，這項工具外資、投信、自營商通通不能碰。

首先來告訴讀者，何謂融資、融券。

融資：在「看好未來股票會上漲」的前提下，先借錢來買股票，未來再高價賣出股票還錢。

融券：在「看壞未來股票會下跌」的前提下，先借股票來賣出，未來再低價買回股票來還。

在進行交易時，可以選擇融資買賣或融券買賣的動作。

跟信用交易有關連的，就屬「當沖」這種操作方式。當沖有兩種情形，一種是「融資買進，融券賣出」，另一種則是「融券賣出，融資買進」。假設投資人認為股票會「開低走高」，就可以採用「融資買進，融券賣出」的操作方式；若是「開高走低」，則可以採用「融券賣出，融資買進」的策略。

信用交易這種方式，在台股市場中被廣為運用，其吸引人之處在哪裡呢？看看投資報酬率就知道了！假設有一檔股票20元，需要20000元本金投資，若未來漲到30元時，會得到獲利10000元，報酬率50%；但投資人如果使用信用交易，僅需要自備40%的本金，也就是8000元，剩餘60%用融資，報酬率則變成如下：

$$報酬率 = \frac{30,000 - 20,000}{20,000 \times 40\%} \times 100\% = 125\%$$

報酬率有125％，看起來是不是很誘人？只要方向押對了，就可以快速獲利。這很符合一般人想「快速致富」的心理，因此融資、融券會被視為散戶的指標。

市場最常用三種指標

≫「軋空」指標─券資比

券資比是什麼？就是融券數和融資數之間的比率。

$$券資比＝\frac{融券餘額}{融資餘額} \times 100\%$$

券資比是利用融券餘額與融資餘額來計算的。融券餘額代表到當天收盤為止，所累積的融券張數；融資餘額代表到當天收盤為止，所累積的融資張數。

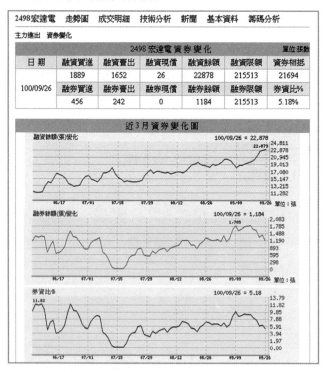

2498宏達電	走勢圖	成交明細	技術分析	新聞	基本資料	籌碼分析

主力進出　資券變化

日期	2498 宏達電 資 券 變 化					單位 張數
	融資買進	融資賣出	融資現償	融資餘額	融資限額	資券相抵
	1889	1652	26	22878	215513	21694
100/09/26	融券買進	融券賣出	融券現償	融券餘額	融券限額	券資比%
	456	242	0	1184	215513	5.18%

（資料來源：Yahoo!奇摩股市）

一般來說，個股的融券餘額愈高，代表愈多散戶先借出股票來賣出，因此未來要補買（回補）的張數也愈多。回補代表買股票，會造成股價的上漲。當回補的力道愈大，代表投資人愈急著買股票，股價快速上漲的機率也就愈大。這種情形發生時，我們就稱之為「軋空」行情，所以券資比也是判斷軋空是否發生的重要指標。

我們可以根據五個區間來判斷券資比所代表的訊息：

1. 券資比小於10%

這種情況代表股價已經跌很多了，跌很多表示可以吃的肉很少，再做空就沒意思了。也就是說，券資比會小於10%意味著沒什麼人想放空。

（資料來源：嘉實資訊）

2. 券資比介於10%～30%

處於這個區間的個股，券資比的參考性較低，建議讀者使用技術面或基本面來判斷是否要買進或賣出股票。

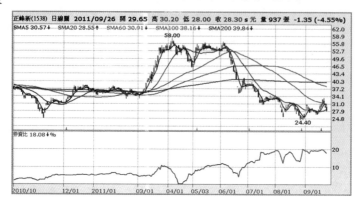

（資料來源：嘉實資訊）

3. 券資比介於30%～50%

30%是券資比一個重要的關卡，代表軋空準備開始醞釀。一般常用30%作為分水嶺，超過30%後，做空的人要開始小心了。

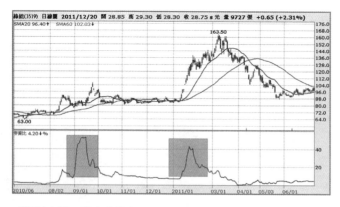

（資料來源：嘉實資訊）

4. 券資比介於50%～80%

市場中想做空的人很多,有軋空的機會。想要做多者,不妨開始做功課吧!

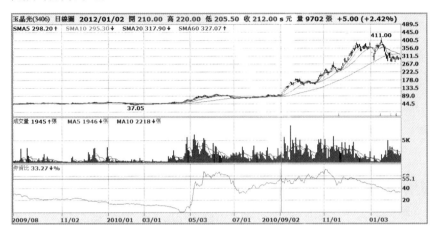

(資料來源:嘉實資訊)

5. 券資比大於80%

這種券資比大於80%的股票,看在法人們的眼裡,代表軋空有大肉可以吃,然而這種狀況並不多見。

(資料來源:嘉實資訊)

▶▶「多空」指標──資券變化

1. 資增券增

股價上漲：多空兩方對峙，兩邊都不想輸。不過，多方是小贏空方的。

股價下跌：融券增加，代表空方氣燄旺，認為未來會繼續下跌。融資增加，意味著此時進場的人，是進去接刀子的，容易受傷。

2. 資增券減

股價上漲：上漲時，融資增加，融券回補減少。這也代表上漲行情強勢，不過未來會少了軋空的力道。

股價下跌：下跌時，融券減少不好，融資增加，壞上加壞。融券減少，代表做空的人回補，融資也增加，股價怎麼會變成下跌呢？這不是好現象。意味著未來股價有可能繼續下探。融資買進的人更慘，會被迫停損賣出，進一步打壓股價。

3. 資減券增

股價上漲：上漲時，融資減少，融券增加，是好現象。可以想想，這種情形下股價卻上漲，代表未來行情是看好的。做空的人可慘了，未來股價若持續上漲，勢必得回補，這就會推動股價上漲，更進一步迫使融券回補，變成一種循環。

股價下跌：空頭強勢，多方撤退。多方無意去防守，代表未來行情不好，現金為王。

4. 資減券減

股價上漲：融資減少，未來看壞；又少了融券未來軋空的力道。這種股票的股價上漲趨勢，即將曲終人散。

股價下跌：面臨資減券減的情形，代表沒人氣，沒人想要操作，這種股票只有等待的份。

≫「放空」指標─融資維持率

融資維持率，是用來找尋放空標的的重要指標。先告訴讀者融資維持率如何計算。假設有一檔股票20元，原來需要20000元成本購買，但融資可以借的錢是60％，所以可以借得12,000元。融資維持率的計算方式如下：

$$融資維持率 = \frac{融資股票的市價}{融資金額} = \frac{20,000}{12,000} \times 100\% = 166\%$$

166％是一開始融資後，投資人所擁有的維持率。現行規定是，當融資維持率低於120％時，代表股價現值已經跌落到接近所借的錢，此時就會被券商「斷頭」。但營業員們不會等到120％，大約在135％就會開始奪命連環CALL，提醒投資人注意，若再不補錢，就會被斷頭。來看看135％的融資維持率，股價會是在哪個價位？

12,000 × 135%=16,200

16,200元，也就是股價16.2元。當股價跌到16.2元以下時，就會開始接到營業員的電話。接著計算何種價位會被斷頭：

12,000 × 120％=14,400

14,400元，股價14.4元。當股價跌到14.4元以下時，券商會開始強制賣出股票，此時就可以看到一波波的賣壓出來。

三大法則選出放空個股

了解135%和120%這兩個數據的意義後，讀者可以用以下三大法則來選出放空標的：

1. 找到股票的頭部位置。

2. 找尋MA20的最高點。

3. 上市以81％和72％來計算，上櫃以64.5％和60％計算。

（資料來源：嘉實資訊）

上圖以網龍為例，頭部附近的MA20高點價位約460元。

$460 \times 0.81 = 372.6$（135％價位）

$460 \times 0.72 = 331.2$（120％價位）

當融資維持率來到135％的位置時，股價約略下跌了19％。若是來到120％時，股價約略下跌了28％。

股價372元出現在2010年1月25日～2010年1月27日一帶，從股價圖上可看到長黑下殺，此為營業員開始打電話的時間點，故會有一波賣壓。接著，2010年6月4日當天收盤破331元，2010年6月7日出現跳空下跌的情況，原因在於融資維持率已經來到120％，出現斷頭賣壓。

了解上述這個例子，讀者便可以試著利用這種特性，挑出融資維持率135％以內的股票，作為放空標的。

3-7

資券數字祕辛

第四章
財報基本面選股

4-1
選股前看財報
損益表、資產負債表各有玄機

「要投資成功，就要拚命閱讀，不但讀有興趣購入的公司資料，也要閱讀其它競爭者的資料。」

──華倫‧巴菲特

財報是什麼？

股神說的好，要投資成功，就要不斷閱讀你有興趣公司的資料。筆者在這要問問各位讀者：「你懂你手上持股的公司嗎？」善用前面幾章介紹的技術面、籌碼面技巧，可以從中挑選想要的個股。但是在敲進股票之前，對準備投資的公司有些認識，在心理上還是會放心點。

公司好不好，可以從財務報表上觀察。財務報表中的資料，都是會計師經過不斷的檢查、確認，才完成我們現在所看到的財務報表。因此我們都假定這些資料是真實且確定的數字，然而在使用上，投資人要保持著謹慎客觀的原則來使用。

公開資訊觀測站有全台上市櫃公司公布的財報，投資人可以從中取得所需的資料。以台積電（2330）為例，台積電年報包含公

司的基本資料、財務報表、產業的介紹與發展以及公司未來的規劃，每年的年報約在股東會前後就可以從網路上面取得，在此針對年報中投資人可以使用的資訊加以介紹。

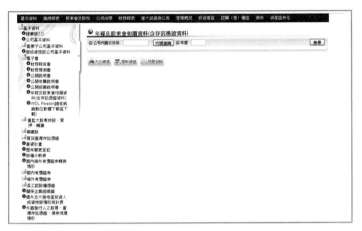

公開資訊觀測站→基本資料→電子書→年報及股東會相關資料

點選股東會年報，就可以下載年報觀看

財務報表

　　財務報表一共包含損益表、資產負債表、現金流量表、股東權益變動表。損益表和資產負債表是使用率最高的兩張表，筆

4-1

選股前看財報

者會在後面章節介紹如何使用。現金流量表是一張功能強大的表要抓地雷股時可使用此表來檢查。

財務報表附註

附註是用來解釋一些財務報表中的項目和數字，這個部分有時候會計師會透露出一些訊息，特別是有問題的公司，可以從這裡找到一些線索。

台灣積體電路製造股份有限公司

財務報表附註
民國九十九及九十八年度
（除另予註明者外，金額為新台幣仟元）

一、公司沿革

台灣積體電路製造股份有限公司（以下簡稱本公司）設立於七十六年二月二十一日。主要從事於有關積體電路及其他半導體裝置之製造、銷售、封裝測試與電腦輔助設計及光罩製造等代工業務；另本公司自九十九年起從事發光二極體照明裝置及其相關應用產品與系統、可再生能源及節能相關之技術與產品等之研究、開發、設計、製造與銷售。本公司股票自八十三年九月五日起於台灣證券交易所上市。八十六年十月八日起，本公司部分已發行之股票以美國存託憑證方式於紐約證券交易所上市。

截至九十九年及九十八年十二月三十一日止，本公司員工人數分別為33,232人及22,292人。

二、重要會計政策之彙總說明

本財務報表係依照證券發行人財務報告編製準則、商業會計法、商業會計處理準則及一般公認會計原則編製。重要會計政策彙總說明如下：

會計估計
本公司依照前述準則、法令及原則編製財務報表時，必須使用合理之估計和假設，因估計通常係在不確定情況下作成之判斷，因此可能與將來實際結果有所差異。

資產與負債區分流動與非流動之標準
流動資產包括為交易目的而持有及預期於一年內變現或耗用之資產，資產不屬於流動資產者為非流動資產。流動負債包括為交易目的而發生及須於一年內清償之負債，負債不屬於流動負債者為非流動負債。

（資料來源：台積電年報）

營運（產業）概況

這個部分是筆者很喜歡的資料，包含了詳盡的公司營運概況，舉凡在發展什麼技術、商品資料、競爭者的資訊等等，都可以在年報中找到。

（資料來源：台積電年報）

轉投資資料

投資人都希望公司能夠專注於本業獲利，但有時公司為了營運策略的需求，需要進行一些投資。此時，我們可以從年報中找尋公司的投資資料，判斷公司是否有亂投資的狀況。

公司未來展望

公司未來發展性如何，是我們投資這家公司必須要知道的事情。公司領導人的企圖心和規劃，投資人也應知之甚詳。

說了這麼多，重要的還是要提醒讀者，好好閱讀公司的年報，客觀地判斷與分析這家公司。確定公司是否是一個會成長和值得投資的公司，才是投資人的最終目的。

損益表關注四大重點

對於沒有學過會計的投資人，看懂損益表通常有一定的難度。因此，在這部份要跟讀者講的是一些會計科目。不要看到會計科目就害怕，其實只要抓住幾個損益表的重點，就能看得懂損益表透露出的訊息。

	98年度	99年度	100年度
營業收入	285,742,868	406,963,312	
營業成本	159,106,619	209,921,268	
營業毛利(毛損)	126,636,249	197,042,044	
聯屬公司間未實現利益	160,279	52,742	
聯屬公司間已實現利益	0	0	
營業費用	31,953,617	42,142,794	
營業淨利(淨損)	94,522,353	154,846,508	
營業外收入及利益	4,121,509	15,907,968	
營業外費用及損失	3,662,840	1,464,272	
繼續營業單位稅前淨利(淨損)	94,981,022	169,290,204	
所得稅費用(利益)	5,763,186	7,685,195	
繼續營業單位淨利(淨損)	89,217,836	161,605,009	
停業單位損益	0	0	
非常損益	0	0	
會計原則變動累積影響數	0	0	
本期淨利(淨損)	89,217,836	161,605,009	
基本每股盈餘	3.45	6.24	

（資料來源：台積電年報）

營業毛利

平時出售的商品收入，減掉該花掉的成本，例如：水電費、運費等等，就是營業毛利。

營業利益（淨利）

營業毛利再扣除掉營業費用，例如：廣告費，就是營業利益，這也是公司本業上賺到的錢。

本期淨利

營業利益加上營業外的損益，之後再扣掉上繳的稅，就是本期淨利。

每股盈餘

這就是常聽到的EPS，也是眾人關注的焦點。本期淨利再除以在外流通的股數，即可計算出。

讀者在看損益表的時候，要特別留意營業外損益。因為有時候公司在本業賺的錢會被業外損失吃掉。把土地賣掉、轉投資等活動，都是屬於營業外的活動。

我們一般都希望公司專注於本業的經營上，而不是靠營業外的活動來賺錢。本業賺到的錢是「實」的，營業外活動賺到的錢都是「虛」的。很多收益可能就只有在今年才出現，例如賣土地獲得的錢，明年就沒有了。

所以，要請各位讀者多多觀察公司的毛利、利益是否上升；如果有在增加，八九不離十都會是好公司。

資產負債表四大重點

「這家公司倒閉時，我可以拿回多少錢？」，這就是資產負債表可以告訴我們的事情。一家公司有多少資產、多少負債，可以從資產負債表看出來。閱讀資產負債表時，要先弄懂幾個重要的會計科目。

資產類

流動資產：現金、應收帳款、存貨屬於這一大類。

固定資產：工廠、機器屬於此類。

無形資產：專利……等。

	98年度	99年度	100年度
流動資產	185,831,537	192,234,282	
基金與投資	118,427,813	117,913,756	
固定資產	254,751,526	366,854,299	
無形資產	7,459,441	7,024,183	
其他資產	10,956,305	17,213,146	
資產總計	577,426,622	701,239,666	

（資料來源：台積電年報）

負債類

流動負債：應付帳款等一年內會償還的負債。

長期負債：一年以上會還清的負債。

流動負債	72,571,095	118,022,260
長期負債	4,916,390	4,500,000
各項準備	0	0
其他負債	4,856,425	4,572,488
負債總計	82,343,910	127,094,748

（資料來源：台積電年報）

股東權益

公司所發行的股票就放在這裡面，這個科目顧名思義就是指股東們的權益。

股本	259,027,066	259,100,787
資本公積	55,486,010	55,698,434
保留盈餘	181,882,682	265,779,571
股東權益其他調整項目合計	-1,313,046	-6,433,874
庫藏股票(自98年第4季起併入「其他項目」表達)	0	0
股東權益總計	495,082,712	574,144,918
每股淨值(元)	19.11	22.16

（資料來源：台積電年報）

看完幾個常見的會計科目後，要知道一個基本的觀念：

資產＝負債＋股東權益。

公司的錢從哪裡來？除了原本公司創辦時的資金，公司上市櫃發行股票，就是在向投資大眾募集資金。此外，不足之處，公司會再向銀行借錢、發行公司債補足所需要的資金，所以資產才

會等於負債，再加上股東權益。

　　從上圖中可以看到一個科目叫每股淨值。淨值就是資產扣掉負債所剩下的金額。何時會用到淨值？公司要倒閉時。公司的資產會先還完負債，剩下的錢再分配給股東。每股淨值是淨值除以在外流通股數，之後要怎麼分，就以股東持有多少股票來計算。筆者會在之後的股價淨值比篇，告訴讀者如何運用每股淨值。

4-2
懶人選股法
掌握關鍵六大比率數字

選股票，先要看透一家公司。真相就在數字裡。

營收成長率、毛利率、營收利益率、淨利率、EPS、負債比率，統稱為六大比率數字，著重在公司的營運成長性、財務安全性。透過這六大比率，讀者也可以快速找到好標的。

同時，在使用比率判斷時，要使用合併財務報表的比率，因為現在公司的子公司都不少，使用合併財務報表才能忠實反映公司現況。若是沒有合併財務報表時，才會使用母公司財務報表，請讀者多加留意。

簡易數字1：年營收成長率

「金屬機殼大廠可成（2474）擁抱蘋果及宏達電，2011年業績大進補，8月合併營收為36.47億元，較7月的33.21億元，成長9.8%，年增率達92%，連續4個月成功挑戰業績新高點。法人認為，可成2011年Q2營收為88.97億元，Q3季增率約10～15%，單季營收可望突破百億元大關。」

——擷取自《中國時報》

一家公司的產品銷售得怎麼樣，看每個月營收狀況就可以知道。營收一直都是法人關注的焦點，營收好的時候，法人超愛買；相反的，營收差時，法人會毫不留情的砍出。

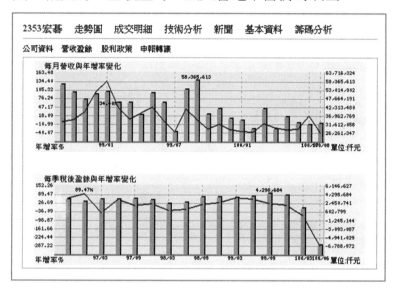

（資料來源：Yahoo!奇摩股市）

在營收的使用法上，著重於營收的成長率。成長率有分YoY和QoQ。YoY為年成長率，就是今年相較於去年成長多少；QoQ為季成長率，就是本季相較於上季成長多少。

實務上，較常用的是年成長率，因為剔除了淡旺季的影響。除此之外，營收成長率要看一段趨勢，不要只看單一月份。

營收成長率用在短線上是個好用的指標。一支股票營收成長率由負轉正，可以視為一個轉強的訊號，此時先列為觀察股觀察

2～3個月，若持續維持正數或繼續成長，就可以嘗試進場。另外值得一提的是，若是股票原本有很明顯的淡旺季，但過了旺季之後，成長率仍持續上升，這支股票就有機會成為一支飆股。

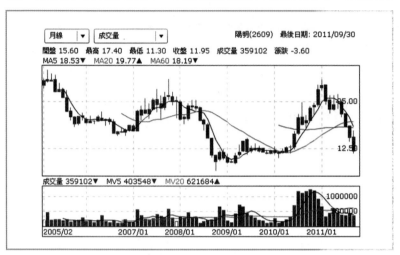

陽明（2609）從2009年1月開始，營收呈現正成長，經過連續3個月的觀察，逐月成長。若在4月份時買進，會有不錯獲利。

（資料來源：Yahoo!奇摩股市）

　　營收成長率在一般的使用上，讀者可以採用15%作為一個基準，越高代表營運的爆發力越強。

簡易數字2：最近一季毛利率

「鴻海（2317）半年報結算出爐，第2季合併營收7859.38億元，較第1季成長7.8%，毛利7.3%，季增0.1%。」

——擷取自《中國時報》

毛利率是市場法人很喜歡觀察的比率，一間公司賣的商品賺不賺錢，從毛利率就可以看出來。損益表中的營業毛利，除以銷貨收入，算出來的比率即為毛利率。究竟毛利率要如何使用，很簡單，只要兩步驟即完成。

1. 同業比較：將同一個產業的公司擺在一起，毛利率誰高誰低，一比就知。
2. 毛利高的股票為上選：過去許多高股價的公司，毛利率多半都不低。例如：宏達電毛利率多在30%上下，聯發科則有40%以上。

論高毛利VS.高股價

讀者在看盤時，是否常常出現一個疑問：「明明都是相同產業的，怎麼股價會差這麼多？」

此時，讀者可以調出股票的基本資料，看看產業中的各家公司的毛利率如何。高股價公司的毛利率，往往都贏過其他公司。

高毛利的公司，代表公司具有很強的競爭能力。跟其他家公司的差別，可能在於公司擁有專利技術、品牌知名度等產業優勢。另外，公司若是跟供應商的關係很好，可以拿到較低價格的原料等，降低生產成本，這些因素都會提高毛利率。

談到這裡，要提醒讀者一點：在使用毛利率的時候，要注意其趨勢變化，並搭配營收來觀察。只要長期的毛利率趨勢是好的，沒有異常起伏，就是值得投資的標的。

然而，沒有公司可以一直維持高毛利率。可能的原因有很多，像是技術被競爭者超越、產業開始衰退等。因此當發現高毛利的公司，毛利率開始下滑時就要小心，股價往往都會重重的摔下去。讀者要搞清楚公司為何毛利率衰退，若毛利率衰退是整個產業的共同現象，建議讀者，手上有股票的趕快跑，免得落得虧錢的下場。

Y!選股──毛利率

Y!選股中，設計了一個用「最近一季毛利率」選股的功能。建議讀者可以採用20%以上的法則，去挑選適合的股票。同時，也觀察過去的毛利率資料，不要單從一季數字去下判斷。例如A公司過去的毛利率多在10%，這一季毛利率竄升至20%，此時就要去查明真相。也許A公司會因為毛利率的上升，而成為下一支飆股。

選股結果	符合條件選股有500檔			100/10/01 09:25
股票名稱	價格 ◆	漲跌 ◆	漲跌幅 ◆	毛利率 ▼
皇普	0.0	0.0	%	100.0
綠意	13.35	0.3	2.3%	100.0
宇峻	51.6	-0.6	-1.15%	100.0
欣陸	10.0	0.0	0.0%	100.0
合勤控	18.05	0.0	0.0%	100.0
永信	39.0	0.2	0.52%	100.0
遠雄港	16.2	0.4	2.53%	100.0
昱泉	33.95	1.95	6.09%	100.0
崑鼎	145.0	8.0	5.84%	100.0
訊連	57.6	-0.8	-1.37%	99.0
思源	33.15	0.3	0.91%	98.0
網龍	73.2	-1.0	-1.35%	97.0
大聯大	35.65	-0.85	-2.33%	94.0

設定最近一季毛利率大於20%之選股結果。

（資料來源：Y!選股）

簡易數字3：最近一季營收利益率

「宏碁營運能上軌道（包括存貨水位能回歸正常、管理階層穩定、與通路商維持良好關係），2012年營收、營業利益率、每股獲利，應該可分別達到5,460億元、2.52％、4.47元的水準，也就是說，營運至少可以回到2008年，也就是金融海嘯時的水準。」
──擷取自《中國時報》

營收利益率是營收利益除以銷貨收入。前面介紹過，營業毛利扣掉營業成本，就可以得出營收利益。這個指標也是代表公司本業的營運狀況，若是表現好，代表這間公司很用心在經營，股價自然不會太難看。

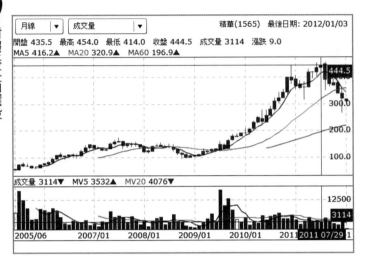

精華每季營業利益率均維持30%以上，足以支撐其高股價。

（資料來源：Yahoo!奇摩股市）

　　筆者認為這個指標在觀察公司上是非常有用的。實務上來說，前節提及的毛利率和本節的營收利益率互相搭配，可以用來判斷毛利率是否合理。舉例來說，有A、B兩間公司，A公司毛利率80%、利益率40%，B公司毛利率60%、利益率50%。此時，讀者會選擇哪家公司作為投資？以毛利率來看，要選A公司，但是選擇B公司其實才是正確的。

　　A公司的營業成本佔一半的營業毛利，這可能代表A公司的成本控制能力差；若未來毛利率下降，公司還有可能會虧錢。所以寧願選擇毛利不錯，成本控制能力又好的B公司來投資。同時，運用此比率時，也要配合營收的變化，觀察是否有異常的起伏。原則上，營收利益率和營收的增加比例，不要差異太大即可。

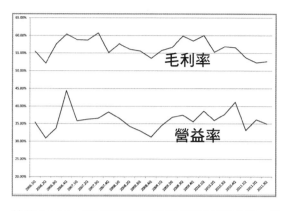

精華（1565）毛利率與營收利益率間的趨勢相當一致。

（資料來源：研究部整理）

Y!選股——營收利益率

本業實際上會不會賺錢，從營收利益率便可看出端倪。若是要利用營收利益率來挑股票，營收利益率當然是越高越好。讀者可以10%作為基準，找尋適合的個股。

選股結果	符合條件選股有356檔			100/10/01 11:02
股票名稱	價格	漲跌	漲跌幅	營益率
遠雄港	15.8	1.0	6.76%	470.0
富邦金	32.0	0.25	0.79%	235.0
大聯大	36.5	-0.2	-0.54%	94.0
崑鼎	137.0	1.5	1.11%	94.0
合勤控	18.05	0.05	0.28%	92.0
永信	38.8	-0.05	-0.13%	92.0
欣陸	10.0	0.0	0.0%	79.0
元大金	15.3	0.1	0.66%	62.0
四維航	30.5	0.1	0.33%	60.0
台開	11.85	0.05	0.42%	59.0
第一店	21.25	0.75	3.66%	55.0
京城銀	17.0	0.05	0.29%	52.0
華票	10.6	0.68	6.85%	51.0
開發金	9.08	0.09	1.0%	46.0
碩禾	353.0	23.0	6.97%	43.0

（資料來源：Y!選股）

簡易數字4：最近一季淨利率

「宏達電公佈2011年第2季自結合併營業成果。2011年第2季自結合併營業收入為1243.98億元，較去年同期609.60億元，增加634.38億元，成長104.06%。自結合併營業淨利為192.44億元，合併稅前淨利199.7億元，稅後淨利175.17億元。」

——擷取自《今日新聞》

損益表中的本期淨利，代表的是公司總共賺了多少錢。本期淨利除以銷貨收入，就是淨利率。一般常聽到的有稅前淨利率和稅後淨利率，稅前淨利率和稅後淨利率的趨勢，其實是一樣的，因此平時只要使用稅前淨利率就好。

投資人都喜歡賺錢的公司，因此都希望淨利一直增加。若發現有一支股票的稅前淨利率逐季增加，那就是我們最喜歡的標的。平穩的淨利率趨勢，也是個不錯的選擇。但是這種公司營運就已經很穩定了，要成為一支飆股的機率不會很高。若是開始出現衰退趨勢，聰明的讀者應該知道怎麼做，一個字：「賣」！

淨利率用在選股上的訣竅，就是「越高越好」。建議讀者可以先找尋近一季的淨利率，並配合公司過去的淨利率情況，來觀察趨勢走向。

如表格所示，可成的稅前淨利率逐季增加。

可成	2010.1Q	2010.2Q	2010.3Q	2010.4Q	2011.1Q	2011.2Q
稅前淨利率	17.56	20.76	21.32	30.93	31.93	34.24

（資料來源：公開資訊觀測站）

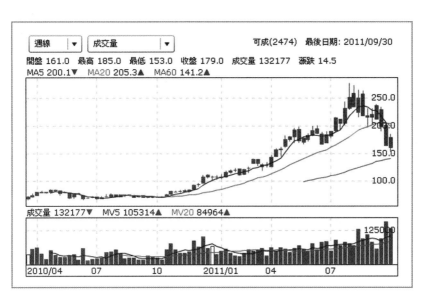

（資料來源：Yahoo!奇摩股市）

簡易數字5：最近一季EPS

「玉晶光（3406）自結2011年8月稅後盈餘為1.52億元，較去年同月大幅成長100%，單月每股盈餘達1.73元，創下單月歷史新高」

——擷取自《中國時報》

要說財務報表中，投資人最熟悉的數字是什麼？非每股盈餘莫屬。投資人總是希望公司的每股盈餘能夠高一些，這樣股價才有可能飆更高。

每股盈餘（簡稱EPS），一般解釋為公司幫股東賺了多少錢。法人喜歡用EPS來觀察公司未來的獲利和成長能力，並且用來預測未來的股價。與每股盈餘常常一起出現的，就是本益比，這在之後的章節會再向讀者介紹。

EPS高的股票，往往都有高的股價表現。例如宏達電2010年EPS達48.49元，股價就有900元以上。許多高價股都有題材幫忙，最常聽到的就是XX概念股。在這裡要提醒讀者，概念股等題材是虛幻的，要看實際交出來的成績單好壞。

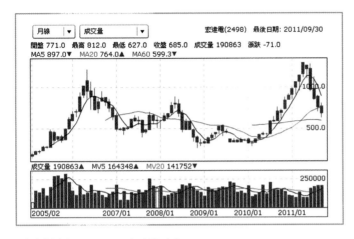

（資料來源：Yahoo!奇摩股市）

EPS亮眼，代表這個題材對公司有幫助，股價才能夠在固有的基礎上維持高價位；若是EPS差強人意，比大家預期的還要低，失望性的賣出是可以預見的。

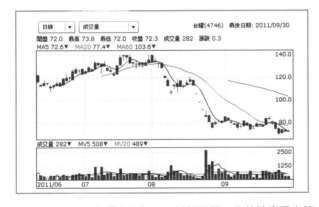

2011年8月18日台耀半年報EPS低於預期，失望性賣壓出籠。

（資料來源：Yahoo!奇摩股市）

讀者使用EPS時，和先前說過的比率使用方法相同，要注重其

趨勢走向。因此,看到百元以上的股票,就要先去檢視EPS的成長趨勢,是否能夠支撐這個股價。股價會率先反應EPS的成長動能,所以發現到EPS有成長的趨勢,就可以列為參考標的。

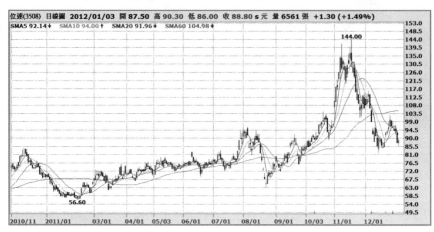

位速在2011年第一季開始,EPS逐季成長,股價從最低56.6元漲到最高144元,漲幅高達154%。

(資料來源:嘉實資訊)

　　一般EPS高的公司,多半會呈現高股價。相反地,EPS低的公司則呈現低股價。看看市場上一堆雞蛋水餃股,例如可憐的DRAM公司,EPS真的是難以形容的差,股價自然不會好。然而,若未來DRAM突然鹹魚翻身,EPS由負轉正,就會是我們俗稱的「轉機股」。

　　變成轉機股前,股價通常沉寂已久,可能就因為EPS開始轉正,出現一段上漲行情。這也是要透過平時做功課,才能找得到。轉機股要特別注意其EPS的持續性,EPS由負轉正後,要再

持續2～3季，才能判定公司開始賺錢。若是EPS由負轉正又轉負，這種公司就不用花太多心思在上面。

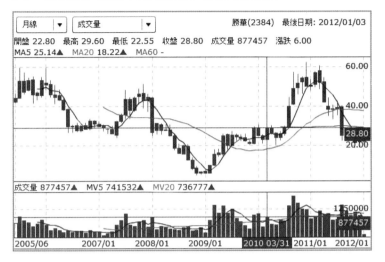

勝華（2384）EPS於2010年第一季開始由負轉正，並維持連兩季成長，股價表現亮眼。

（資料來源：Yahoo!奇摩股市）

特別提醒讀者，要以稅後的EPS來判斷成長與否，因為繳稅給國家後，剩下的EPS才能真實呈現公司有沒有為股東多賺錢。

Y!選股—近一季EPS

Y!選股中，可以設定EPS的選股條件，建議讀者選擇EPS大於1元以上的公司，同時要觀察過去的EPS有沒有逐季成長，做為選股的依據。

選股結果	符合條件選股有214檔			100/10/01 10:01
股票名稱	價格	漲跌	漲跌幅	EPS
宏達電	679.0	-12.0	-1.74%	19.0
佳鼎	0.0		%	17.0
大立光	690.0	16.0	2.37%	8.0
精華	372.5	-3.5	-0.93%	5.0
晶華	421.5	7.0	1.69%	4.0
宏和	17.0	-0.1	-0.58%	3.0
上銀	220.5	-1.0	-0.45%	3.0
華碩	235.0	0.0	0.0%	3.0
聯發科	328.5	-4.5	-1.35%	3.0
可成	181.5	6.5	3.71%	3.0
匯僑	18.05	0.15	0.84%	3.0
鈊象	141.0	-0.5	-0.35%	3.0
嘉澤	83.0	0.0	0.0%	3.0
信昌化	88.0	-1.2	-1.35%	3.0
新普	187.0	0.0	0.0%	3.0
瑞儀	87.1	3.0	3.57%	3.0

設定EPS大於1之選股結果。

（資料來源：Y!選股）

簡易數字6：負債比率

「銀行業者認為，**DRAM**財務危機只是剛開始，負債比高的產業，例如面板廠也須留意，只是至目前為止，這些大企業繳息情況都還算正常。」

——擷取自《中國時報》

初入社會的年輕人，如果想買車、買房子，在錢不夠的情況下，會向銀行貸款；公司也一樣。若是公司手頭資金不足，會向銀行或一般大眾借錢。至於要如何觀察公司借錢有沒有借過頭，

就得看負債比率。

還記得「資產＝負債＋股東權益」嗎？負債比率就是總負債除以總資產，它可以告訴我們公司有多少資金是負債。負債是一個讓人既喜愛又討厭的東西，少了它，公司可能沒錢投資、買機器，但是負債又會造成公司的龐大負擔。所以讀者在看一家公司的財務狀況是否安全，可以利用負債比率。

負債比率不是每一家公司都相同，每個行業都有其適合的負債比率，沒有絕對的高低，像是航空業、運輸業，因為需要購買飛機、船隻等營運用的器械，負債比率就會比較高。所以要提醒讀者，在使用負債比率時，要拿同一個產業的公司一起進行比較。

	2005	2006	2007	2008	2009	2010
華航（2610）負債比率	77.13%	76.47%	75.34%	84.89%	79.93%	75.74%
長榮（2618）負債比率	65.97%	66.83%	70.28%	81.15%	77.93%	72.21%

航空業的負債比率偏高，60%以上皆屬常態現象。

（資料來源：研究部整理）

4-2

懶人選股法

4-3
本益比選股法
多頭時期的致勝法寶

「台股進入本益比14倍、二年多來的低本益比水準。法人指出，鴻海（2317）、中信金（2891）、宏達電（2498）等12檔本益比在12倍以下、法人上周買超回補且週KD交叉向上技術指標轉強的上市集團型股票，可望成為帶領台股在出現價值型投資後跌深反彈的多頭指標。」

——擷取自《經濟日報》

本益比的重要性與計算方式

本益比，是剛踏入股票領域中的人最常聽到的詞。翻開《經濟日報》或《投資週刊》，本益比屢見不鮮，法人機構愛看，一般大眾投資人更愛看。

券商提供的各式各樣個股報告中，研究員們會利用本益比，計算出可能的目標價。在多頭時期，法人會運用本益比來找尋，股票市場中是否有適合的個股可以操作。運用本益比來判斷股價是便宜還是昂貴，更是法人常使用的方法。

因此，要投資股票的讀者，一定要把本益比好好學起來，這可

是必備的技能。

　　本益比該如何計算？現在網路資料發達，很多免費的網站都會幫你算好，券商也會提供本益比的計算方式。但是，自己還是要知道怎麼去計算，了解其意義所在比較好。本益比公式如下：

本益比＝股價／每股盈餘（EPS）

　　假設一支股票目前EPS是5元，股價100元，稍微心算一下，本益比是20。若是股價只有40元，則本益比是8。

　　舉例來說，如果以100元購入股票，依照現有的盈餘狀況下，要花20年才能收回成本。相較之下，如果以40元買進，則只需要8年。

　　從這裡可以得出「低本益比買進後，待高本益比賣出」的法則。只要在公司仍有成長性、本益比低的時候買入，等到大家發現這一支充滿成長性的股票，開始買入並把本益比推高時，買在低本益比的投資人就可以慢慢擇時出場。

　　一般來說，本益比在10倍以下屬於便宜等級，15倍剛剛好，20倍以上則有點太高。不過這是以一般常理判斷，各種產業的本益比不盡相同。傳統產業10～15倍的本益比很常見，電子業就有很多超過20倍的本益比，重點還是在其「成長性」。

本益比的過去、現在與未來

➤➤ 過去的本益比，看看就好

過去的本益比，是一般大眾已知的資料，在證券交易所中都有對外公布。然而，這種建立在過去資料上所計算出來的過去本益比，對於往後的股票價格並無太大影響，頂多是參考用而已。

中鋼(2002) ▼	基本資料			
			最近交易日:12/23	市值單位:百萬
開盤價	28.7	最高價	28.9 最低價	28.65 收盤價	28.9

開盤價	28.7	最高價	28.9 最低價	28.65 收盤價 28.9
漲跌	+0.25	一年內最高價	35.8 一年內最低價	26.85
本益比	17.73	一年內最大量	256,204 一年內最低量	10,801 成交量 25,649
同業平均本益比	18.53	85年來最高本益比	18.34 一年來最低本益比	9.14 盤後量 3,666
總市值	434,835	85年來最高總市值	619,584 85年來最低總市值	104,203

投資報酬率(12/23)		財務比例(100.3Q)		投資風險(12/23)	
今年以來	-3.99%	每股淨值(元)	19.3	貝他值	0.41
最近一週	2.48%	每人營收(仟元)	6,582	標準差	1.05%
最近一個月	5.67%	每股營收(元)	4.2		
最近二個月	-1.37%	負債比例	31%		
最近三個月	-1.37%	股價淨值比	1.50		
		營收市值比	N/A		

基本資料		獲利能力(100.3Q)		前一年度配股		財務預測100	公司佔
股本(億)	1,504.62	營業毛利率	9.4%	現金股利(元)	1.99	預估營收(億)	N/A
成立時間	60/12/03	營業利益率	7.1%	股票股利	0.5	預估稅前盈餘	N/A
初次上市(櫃)日期	63/12/26	稅前淨利率	8.7%	盈餘配股	0.5	預估稅後盈餘	N/A
股務代理	大華證02-23892999	資產報酬率	1.2%	公積配股	0	預估稅前EPS	N/A
董事長	鄒若齊	股東權益報酬率	1.8%	現金增資(億)	N/A	預估稅後EPS	N/A
總經理	歐朝華			認股免(每仟股)	N/A		
發言人	杜金陵			現增溢價	N/A		
營收比重	鋼品100.00%						
公司電話	07-8021111						
網址	http://www.csc.com.tw/						
公司地址	高雄市小港區中鋼路1號						

年度	100	99	98	97	96	95	94	93
最高總市值	482,270	462,236	432,119	619,584	590,828	382,460	367,317	366,672
最低總市值	406,248	383,669	263,708	246,818	362,563	257,849	246,775	260,884
最高本益比	18	23	N/A	12	13	12	8	9
最低本益比	9	0	5	5	9	4	4	7
股票股利	N/A	0.50	0.33	0.43	0.30	0.30	0.35	0.50
現金股利	N/A	1.99	1.01	1.30	3.50	2.78	3.75	3.90

（資料來源：嘉實資訊）

>> 現在的本益比，選股指標

現在的本益比，對於投資人而言，頗具參考價值。建立在現在基礎上的資料，計算出來的本益比，可以用來判斷現行的股價是否合理。

此外，本益比亦可以跟同產業進行比較。讀者可以嘗試計算產業的本益比平均值，觀察現在個股是處於哪一個位置。

舉例來說，某家公司今年到目前為止的EPS有3元，股價30元，本益比10倍。Y!選股顯示目前市場的本益比是15，表示目前這家公司的股價相對較低。

選股結果	符合條件選股有342檔，目前顯示20檔 看全部			100/11/03 10:52
股名	價格(元)	漲跌(元)	漲跌幅(%)	本益比(倍)
☐1101台泥	35.80	-0.55	-1.51	14.48
☐1102亞泥	35.70	-0.35	-0.97	10.57
☐1201味全	33.35	-0.30	-0.89	10.39
☐1210大成	29.80	-0.40	-1.32	13.73
☐1220台榮	10.70	0.05	0.47	12.83
☐1231聯華食	39.80	-0.20	-0.50	12.54
☐1232大統益	49.00	-0.50	-1.01	13.16
☐1301台塑	86.90	-2.00	-2.25	11.52
☐1307三芳	24.20	-0.25	-1.02	11.70
☐1324地球	13.10	0.10	0.77	12.87
☐1325恆大	18.35	-0.10	-0.54	12.81
☐1326台化	85.20	-1.70	-1.96	10.26
☐1337KY亞塑	80.70	4.20	5.49	10.71
☐1402遠東新	34.90	-0.95	-2.65	12.24

設定本益比10至15之選股結果。

（資料來源：Y!選股——本益比10至15）

4-3 本益比選股法

>> 未來的本益比，參考即可

每年公司會對下一年設立展望，在公司新聞稿中公布相關資訊，像是下一個年度EPS可望達到多少。此時，就可以著手去計算本益比。採用下列公式：

本益比：當日股價／預估EPS

但是未來總是會充滿變數，若之後的發展不如公司所預期，EPS可能就不會這麼亮麗了，因此這種本益比，建議參考就好。

最常見本益比選股3大招

>> 本益比招式1：EPS與本益比

步驟1：找出目前已公布的EPS，如果EPS有逐季增加，可以先挑選出來。

步驟2：計算出該年度可能的EPS，並計算本益比。

步驟3：找出被市場低估的股票。

範例：

可成於2010年第3季時，累積的EPS已達到3.7元，呈現連3季成長。市場中機構預估可成的EPS約在6元，當時股價約在85元上下，本益比14倍，投資機會浮現。2011年可成受惠於蘋果概念股話題發酵下，更是一路狂飆，若是在2010年進場，獲利頗豐。

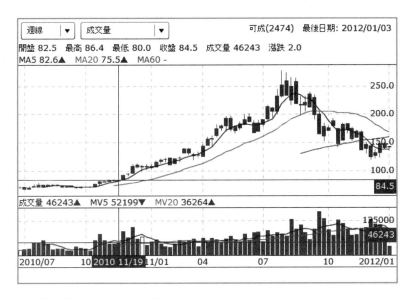

（資料來源：Yahoo!奇摩股市）

➤➤ 本益比招式2：**多頭市場才用本益比**

多頭市場時，公司有賺錢，獲利前景好，享有的本益比高，股價有機會更上層樓。然而，在空頭市場時，景氣不佳影響公司營運獲利。若是EPS出現虧損，本益比就會因為公式的關係而出現無法使用的現象。因此，在運用本益比時，建議要在多頭行情下使用，較為妥當。

➤➤ 本益比招式3：**買高賣低**

這招跟一般常聽到的「買低本益比，賣高本益比」方式不同，筆者要從本益比的基本談起。本益比是由股價和每股盈餘組成，所以在使用這招時，就要注意這兩個成份。

4-3 本益比選股法

　　景氣不好時，某些類型的公司，例如中鋼，在營業狀況不佳的情況下，每股盈餘低，盈餘下滑速度比股價下滑速度快，所以本益比高；景氣好時，中鋼的每股盈餘開始好轉，但是每股盈餘的成長速度，比股價的成長速度更快，造成中鋼的本益比變低。

　　像中鋼這類型的股票，就是所謂的「景氣循環股」。當這類型股票出現本益比偏低的現象時，便是暗示投資人股價偏高，景氣可能過熱，此時正是脫手賣股的時機之一。

投資人常犯的本益比選股錯誤

選低不選高？

　　一般投資人很喜歡選低本益比的股票，看到高本益比的股票連看都不看。在這裡要打破一個迷思，就是「低不見得好，高不見得壞」。

　　用本益比選股的大重點，就是要找具有成長性的公司。若預期未來有好的成長能力，在低本益比時買進，成本低，未來的獲利會很多。所以，利用網路上免費選股資源，例如：Y!選股，找到一堆本益比很低的股票後，還是要努力作功課。低本益比的股票，可以觀察過去的情形，若是長期下來都是低本益比，建議還是不要碰。

股票出現高本益比的原因有很多，主要還是眾人期盼這會是一家好公司。擁有高度成長性，給予投資人無限的想像空間，未來的本益比可能還會更高，例如宏達電，有誰能想到宏達電的股價會一直向上？

　　這種高本益比的股票，在電子股當中很多。因此，用本益比來選股時，要取其相對性，當下你以為高本益比的股票，若是跟未來更高的本益比相較起來，現在反而會是偏低的本益比。以下以宏達電為例：

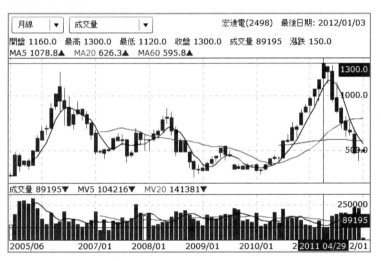

（資料來源：Yahoo!奇摩股市）

　　宏達電在2010年3月份時股價約在350元上下，2011年時出現1300元的高價。宏達電有著極高的成長率，使其享有極高的本益比，與股王時期相比，2011年3月時的本益比絕對不高。

二高陷阱

投資人看到高本益比時，直覺就會想到：「這應該是個高成長公司吧。」高本益比的公司，可能是明星，也可能只是泡沫。我們都希望他們是明星。但如果是泡沫呢？

泡沫被戳破時，那種爆炸的威力是很可怕的。看看太陽能產業，替代性能源的夢，似乎不是那麼美好，股價從高點落下，多少投資人套在裡面。

因此，對於這種高本益比的股票，讀者要去檢視，當初那個支撐高本益比的條件是否還成立？公司的營運狀況是否真的是亮眼的？不要盲目去追求高本益比的股票，否則，下一個被傷到的人就是自己。

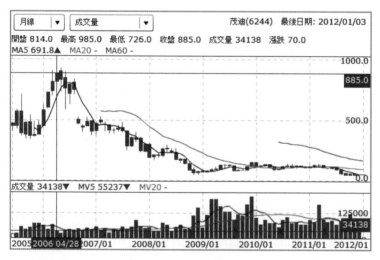

太陽能產業有高潛在成長性？股價反應了一切。

（資料來源：Yahoo!奇摩股市）

4-4
股價淨值比選股法
空頭找尋好標的，就看PBR

2008年金融海嘯來臨，壞公司倒掉就算了，過去印象裡的好公司也中箭。基本面看上去，每家公司都很慘。股民們，該何去何從？

本益比在此刻，站不住腳。股價淨值比適時挺身而出，成為危機中的一盞明燈。

認識股價淨值比（PBR, P／B）

股價、每股淨值，組成股價淨值比。首先來看看PBR的公式：

股價淨值比（PBR）＝股價／每股淨值

股價淨值比的用意，在於利用PBR來觀察目前股票是否被低估或高估。

一般基本判斷：

1. PBR＞1，市值大於淨值。
2. PBR＜1，市值小於淨值。

市場炒手最常運用PBR五大招

≫PBR第1招：**空頭看PBR**

金融海嘯後，許多公司的股價來到和過去比起來，較為便宜的價位。在多頭時使用的本益比，在空頭時期根本派不上用場，因為會失真。這時候運用股價淨值比來撿便宜，才是上策。

景氣不好時，很多好股票都會被錯殺，市場瀰漫著悲觀的情緒。好公司的股價大多會被低估，投資大眾甚至會認為，公司未來是不是會繼續衰退？套句外資會用的術語：「零成長」。

但是，好公司怎麼可能一直零成長？股價代表的是基本價值加上成長價值，在景氣不好時，可以先把成長價值看成零，剩下的股價就等於基本價值。

接著，再搭配股價淨值比來判斷，好公司的股價淨值比小於1～1.5，表示股價被低估。這樣的股票，可能是不錯的投資標的。同時，還可以利用Y!選股中的股價淨值比，來幫助我們挑選股價被低估的股票。

4-4
股價淨值比選股法

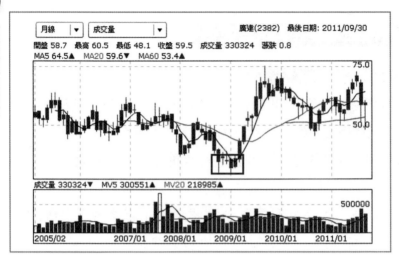

廣達於金融海嘯期間，PBR來到1.24的低水準。

（資料來源：Yahoo!奇摩股市）

股票名稱	價格 ◆	漲跌 ◆	漲跌幅 ◆	P/B ▼
晶豪科	32.6	0.4	1.24%	1.49
亞電	22.3	1.45	6.95%	1.49
思源	33.15	0.3	0.91%	1.48
安馳	30.85	0.05	0.16%	1.48
德記	9.1	0.0	0.0%	1.48
鎰勝	33.85	0.0	0.0%	1.48
統振	19.25	0.2	1.05%	1.48
合騏	15.8	-0.05	-0.32%	1.47
毛寶	16.1	0.15	0.94%	1.46
世坤	19.0	0.05	0.26%	1.46
矽創	39.5	0.45	1.15%	1.46
良得電	23.8	0.8	3.48%	1.45
文曄	37.65	0.15	0.4%	1.45
力積	22.0	1.4	6.8%	1.45
卓韋	18.5	0.0	0.0%	1.45
訊連	57.6	-0.8	-1.37%	1.45

選股結果　符合條件選股有890檔　100/10/01 17:44

設定0～1.5倍的股價淨值比選股結果。

（資料來源：Y!選股）

≫PBR第2招：**本益比失靈替代品**

何時本益比數字沒用？除了前面提到的空頭市場之外，就是營運狀況時好時壞的公司，例如：DRAM公司。

本益比中的每股盈餘，在好公司中通常都很穩定，但是有些公司的每股盈餘波動極大。常見的狀況像是這一季EPS是正、下一季轉負，導致本益比出現負值。

而本益比呈現負值時根本沒有參考性可言，此時就要靠股價淨值比去判斷。

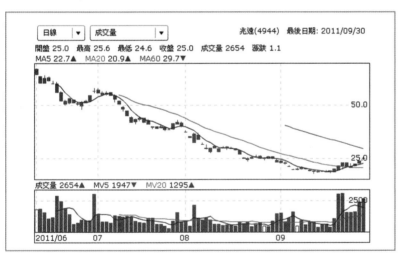

兆遠2011年第二季的每股淨值為20.23元，股價一度跌破淨值，第二季的EPS是-5元。

本益比失靈下，只能用股價淨值比來判斷。

（資料來源：Yahoo!奇摩股市）

>>PBR第3招：**比較產業PBR**

俗話說：「隔行如隔山」，不同產業的股價淨值比自然不會相同。而同產業中的公司，依照其不同的成長性，享有的股價淨值比當然也不同。

所以，提醒讀者不要拿龍頭公司的股價淨值比，來判斷小咖公司的股價是否便宜，這樣可能會有極大的風險。

此外，讀者在觀察時，也要注意產業的趨勢。究竟是明星產業還是夕陽產業，必須弄清楚定位。明星產業享有的股價淨值比高，夕陽產業則較低。

證券交易所每月會公布股價淨值比，內容包含產業和個股的資料，讀者可以下載作為參考資料。

（資料來源：台灣證券交易所）

P/E RATIO AND YIELD OF LISTED STOCKS

證券名稱 Stock's Code & Name	最後市價 Latest Price	本益比 (times) PER	殖利率 (%) Yield	股價淨值比 (times) PBR
大盤		15.45	5.18	1.71
水泥工業類		14.24	5.08	1.31
食品工業類		17.71	4.42	2.34
塑膠工業類		10.85	7.38	1.98
紡織纖維類		10.94	6.17	1.32
電機機械類		18.73	3.35	1.88
電器電纜類		13.43	3.78	0.77
玻璃陶瓷類		12.82	4.28	1.59
造紙工業類		14.32	6.10	0.91
鋼鐵工業類		17.06	7.08	1.54
橡膠工業類		14.00	5.59	2.67
汽車工業類		15.95	3.06	1.74
建材營造類		9.23	7.04	1.31
航運業類		9.64	7.66	1.31
觀光事業類		27.85	2.08	2.86

（民國100年8月　August 2011）

產業股價淨值比

（資料來源：台灣證券交易所2011年8月份月報）

P/E RATIO AND YIELD OF LISTED STOCKS

民國100年8月 證券名稱 Stock's Code & Name	最後市價 Latest Price	本益比 (times) PER	殖利率 (%) Yield	August 2011 股價淨值比 (times) PBR
1　水泥工業類 　　Cement				
1101 臺 灣 水 泥	38.75	15.50	* 5.16	1.47
1102 亞 洲 水 泥	38.25	12.14	* 5.49	1.49
1103 嘉 新 水 泥	17.90	11.33	* 3.35	0.69
1104 環 球 水 泥	15.25	10.45	* 6.56	0.74
1108 幸 福 水 泥	6.73		* 0.00	0.68
1109 信 大 水 泥	10.45		* 2.68	0.76
1110 東 南 水 泥	11.15	85.77	* 0.90	0.77

個股股價淨值比

（資料來源：台灣證券交易所2011年8月份月報）

≫ PBR第4招：PBR長期趨勢

在利用股價淨值比選股時，看到低PBR的股票，先別太開心，該做的功課還是要做。

首先，請先看看過去這家公司的PBR如何。若長期都低於1，請小心。接著，為什麼低於1？讀者可以觀察公司近幾年幾季有沒有賺錢、有無發股利的紀錄，財務結構是否健全？做完功課，若是安全無虞，才可以買進作為中長期投資標的。

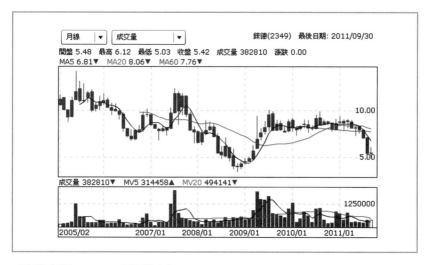

（資料來源：Yahoo!奇摩股市）

錸德是一個顯著的例子，從2005年以來，股價淨值比一直維持在1以下。對錸德而言，這是常態。年年虧損的情況下，股價自然高不起來，這種股票萬萬不能買。

錸德	2005	2006	2007	2008	2009	2010
每股淨值(元)	22.73	17.11	17.04	14.09	12.11	11.18
當年收盤價	10.95	9.55	7.7	4.33	8.8	8.61
股價淨值比	0.48	0.56	0.45	0.31	0.73	0.77

（資料來源：公開資訊觀測站）

>> PBR第5招：PBR炒作題材

市場上跟PBR有關的題材，最常見的是資產題材。台灣有不少公司擁有眾多土地，當有資產題材炒作發酵時，這些公司的股價會跟著一起漲。

然而，資產這種東西，帶有一點人為的色彩。只要有人想炒作資產題材，荒地也可以被說成價值連城，所以要對這種公司抱持審慎評估的態度。

多數有資產題材的公司，資產多，每股淨值高，所以股價淨值比低。這種帶有題材的股票，以投機居多，至於要投機還是要投資，就看讀者選擇。想要投機的讀者，遇到這種帶有題材的股票，短線有賺就好，不要戀棧。想長期投資的讀者，關注本業才是最佳的方法。

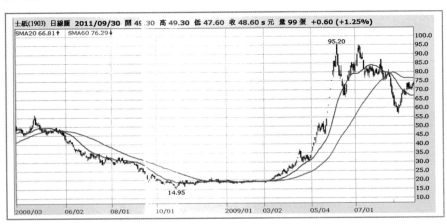

（資料來源：嘉實資訊）

士林三寶中的士紙，最常見報的就是資產眾多，金融海嘯跌到最低點為14.95元。坐擁資產題材，再加上台幣升值影響，使士紙的股價不斷往上飆，最終來到95.2元。

　　但翻開財務報表，士紙在過去，只有2007年EPS是1.07元。基本上是一家連年虧損的公司，只因為資產題材熱，炒起了股價，泡沫最後還是會破掉。

4-5
股利選股法

殖利率大於6%，安啦！

　　儲蓄是美德。但把錢放在銀行，只有少的可憐的利息，最慘的是還被通膨吃掉，鈔票變薄；想買屋保值，房價卻貴到買不起。

　　要怎麼變有錢？找個好股票，年年領股利，你就已走在財富自由之路上了。

股利是什麼？

　　有別於一般投資人藉由買低賣高賺錢，股利是一種類似存錢在銀行，用來領利息的概念。投資人把錢放在公司，公司隔年發放股利給投資人。每年公司都會決定，當年度要發多少股利。股利分為兩種：現金股利與股票股利。

　　現金股利是以現金形式來發放，股票股利則是以股票形式來發放。一般而言，現金股利比股票股利來得好，因為股票股利會增加公司在外面流通的股票，導致EPS下降，進而造成股價下跌。

公司決定要不要發股利，須看公司當年度的現金水位和未來計畫。若公司下年度要進行投資，需要很多現金，就會留下現金，或是僅發放少數股利。如果沒有要進行投資，理想的方式是把現金都當成股利發放，這樣對股東會比較好。

2412中華電	走勢圖	成交明細	技術分析	新聞	基本資料	籌碼分析

公司資料　營收盈餘　股利政策　申報轉讓

公司資料			
基本資料		股東會及99年配股	
產業類別	通信網路	現金股利	5.52元
成立時間	85/06/15	股票股利	-
上市時間	89/10/27	盈餘配股	-
董事長	呂學錦	公積配股	-
總經理	張曉東	股東會日期	100/06/24
發言人	葉疏		
股本	775.74億		

（資料來源：Yahoo!奇摩股市）

TIPS：認識現金殖利率

如何判斷是否為高股息個股，就要看殖利率。

現金殖利率公式如下：

配發現金股息／目前股價＝現金殖利率

以中華電信為例，中華電信董事會在2011年3月29日決議發放5.5243元的現金股利，當天收盤價89.9元，現金殖利率高達6%。只要持有一張中華電信的股票，就可以領到5,524元，比放在銀行生利息還要高。

股利選股四大招

➤➤股利第1招：**跟著高股息指數走**

台灣證券交易所指數中，有一項指數為「台灣高股息指數」。顧名思義，高股息指數中的個股，都是屬於高股息，因此讀者可以挑選其中幾檔來操作。

代號	名稱	代號	名稱	代號	名稱	代號	名稱
1101	臺灣水泥	2301	光寶科	2385	群光	3034	聯詠
1301	臺灣塑膠	2303	聯電	2412	中華電信	3045	台灣大哥大
1303	南亞塑膠	2324	仁寶	2451	創見	3231	緯創
1326	臺灣化纖	2325	矽品	2454	聯發科	4904	遠傳
1710	東聯化學	2327	國巨	2542	興富發	5522	遠雄建設
1717	長興化學	2337	旺宏	2548	華固	8008	建興電
2006	東和鋼鐵	2379	瑞昱	2606	裕民		
2103	台橡	2382	廣達	2886	兆豐金		

（資料來源：台灣證券交易所）

進行操作前，該做的功課還是不能少，要先從個股財務面、技術面等面向著手。

步驟1：**剔除金融和營建個股**

金融業和營建業的財務報表，有時連專家都很難看得懂，更遑論小散戶，因此建議讀者可以先把金融業、營建業的個股剔除出候選名單。

步驟2：殖利率要大於6%

高股息指數中的股票，殖利率都很高。但是這裡要提醒讀者的是，要去觀察公司從過去到現在的股利政策和殖利率水準。殖利率不能波動太大，也就是不要去年6％，今年突然下降到3％，擁有穩定現金殖利率的股票，才會是比較好的候選標的。

步驟3：股價夠便宜嗎？

接著，要觀察股價是否夠便宜。可以用以下指標來觀察：

1. 本益比低於15。

2. 股價淨值比低於2。

符合以上條件的股票，就可以挑出來。

代　號	名　稱	金融或營建	殖利率	本益比	股價淨值比
1101	臺灣水泥		6.08%	13.08	1.24
1301	臺灣塑膠		8.32%	9.37	1.96
1303	南亞塑膠		7.09%	7.58	1.93
1326	臺灣化纖		9.42%	8.47	1.73
1710	東聯化學		6.38%	11.26	
1717	長興化學		8.51%	14.17	1.36
2006	東和鋼鐵				
2412	中華電信				
2451	創見				
2454	聯發科				
2542	興富發	○			
2548	華固	○			
2606	裕民		11.17%	10.01	1.62
2886	兆豐金	○			
3034	聯詠		8.11%	10.26	
3045	台灣大哥大				
3231	緯創		10.59%	6.26	1.23
4904	遠傳				
5522	遠雄建設	○			
8008	建興電		8.22%	9.63	1.23

（資料來源：公開資訊觀測站）

>> 股利第2招：**可扣抵稅額**

不同於一般買賣價差，領股利是要繳稅的，未來甚至還要多繳健保稅。所以，在選擇是否要領股利時，須注意每家公司的可扣抵稅額，高的可扣抵稅額能幫助投資人節省一些稅賦。

以類比科（3438）為例：配息3.2元，可扣抵稅額40.57%。假設你的個人稅率為20%，目前有一張類比科股票。

可領股利：$1,000 \times 3.2 = 3,200$元

應繳稅金：$3,200 \times (20\% - 40.57\%) = -658.23$元

這意味著你不用繳稅，國家還要退稅給你。

因此，讀者在挑選高殖利率的股票時，也要試著找尋可扣抵稅額，比自己稅率還要高的股票。

可扣抵稅額最基本的查詢方式，就是利用公司的年報，查詢「稅額」。網路上亦有網站整理91～100年的可扣抵稅額，提供讀者作參考。

4-6
ROE選股法
巴菲特價值投資法大公開

報載：「甲公司希望3年內股東權益報酬率（ROE）能達到10－15%。」

股神巴菲特喜歡它，外資投資機構也愛它。市場上備受關注的ROE（Return on Equity），讀者一定要知曉其意義與用法。

人人都愛的ROE

ROE，股東權益報酬率，是價值型投資人最愛的比率。要看一家公司有沒有幫自己的股東賺錢，就要參考ROE。

ROE看上去雖然只是一個比率，實際上，卻是由3種比率所組成，包含淨利率、總資產週轉率、股東權益乘數。ROE中的淨利率代表獲利狀況；總資產報酬率代表經營效率；股東權益乘數則代表財務結構。由於ROE集合3種面向，所以成為全球投資人關注的重點。

ROE＝稅後損益／平均股東權益淨額
　　　＝淨利率 × 總資產週轉率 × 股東權益乘數

淨利率

公式：稅後損益／銷貨淨額

意義：觀察公司賣的產品有沒有賺錢。

判斷：與同業相比，越高越好。

總資產週轉率

公式：銷貨淨額／平均資產總額

意義：公司用一塊錢的資產能創造多少營收。

判斷：

1. 比率越高，生產力越高。

2. 要跟同業比較，較同業高，代表公司資產使用效能較高。

3. 不同產業會有不同的比率，例如零售業就很高。

股東權益乘數（財務槓桿比率）

公式：平均資產總額／平均股東權益

意義：觀察公司提升ROE時，使用的是股東權益還是負債。

判斷：

1. 此比率上升，代表公司舉債，負債提高。

2. 此比率不能太高，應著重淨利率和總資產週轉率。

投資人使用ROE切記兩大重點

ROE的比較要用同一產業

　　每個行業都有不同的屬性，比較ROE要站在一樣的基礎上，這樣高低才具有參考意義。

　　因此，建議讀者在觀察ROE的高低時，要確定目前所選出的公司，是否屬於同一個產業。千萬不要拿不同的產業來做比較，例如零售業和營建業公司比較，這是行不通的。

個股比較結果								100/12/24 15:47 單位：% 或元
股名	2011/11 營收成長率	2011/Q3 毛利率	2011/Q3 營益率	2011/Q3 EPS	本益比	2011/Q3 每股淨值	2011/Q3 股價/淨值比	2011/Q3 ROE
2002中鋼	4.42%	9.42%	7.08%	0.31	17.73	19.25元	1.53	1.72
2008高興昌	44.28%	-4.89%	-10.83%	-0.47	--	2.93元	1.47	-13.30
2014中鴻	-34.59%	-3.07%	-5.40%	0.05	--	10.25元	0.85	0.44
加入投資組合								

（資料來源：Y!選股）

ROE要跟過去數據比較

　　一個學生的成績好壞，拿現在與過去相比，就可以看得出來。若是不斷在進步，就會有一個趨勢存在。

　　要知道公司是否在成長，觀察ROE就可以知道。若是一年比一年好、一季比一季好，初步可以判定這是一家正在成長的公司。

投資人也不希望ROE大起大落，這種公司的不確定性高，盡量不要去碰。

　　因此，原則上，找尋ROE穩定或持續在進步的公司，才是最佳的選擇。

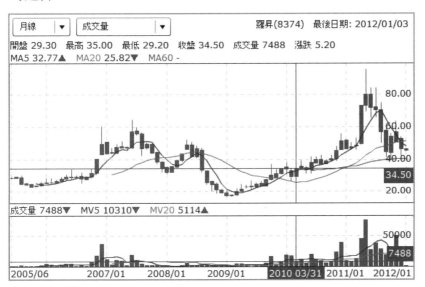

羅昇相較於過去，ROE的成長是看得到的，2010年的股價表現也相當亮麗。

（資料來源：Yahoo!奇摩股市）

羅昇（8374）							
期別	2011.3Q	2011.2Q	2011.1Q	2010.4Q	2010.3Q	2010.2Q	2010.1Q
股東權益報酬率	18.87	9.32	5.59	7.27	8.22	8.89	4.02
期別	2010	2009	2008	2007	2006	2005	
股東權益報酬率	28.46	14.4	15.38	26.32	23.44	18.38	

（資料來源：公開資訊觀測站）

三招選出100分ROE個股

接著要談的是怎麼選出100分的ROE個股，以下有3個招式供讀者選擇。在此稍微介紹一下：第1招是最基本的招式，用來快速找尋長期投資標的，如巴菲特一樣；第2招，運用Y!選股，幫助讀者找到適合的標的；第3招，提供用功的讀者一個方向，若想要檢驗ROE是否健康，就利用第3招。讀者依照自己的需求，使用適合的招式即可。

≫ROE第1招：**長期投資標的**

長期投資首重穩定、安全，可以利用下列法則來尋找標的：

1. 過去5年平均ROE大於15%。
2. 每年都有配發現金股利（此條件非必要）。

平均ROE要大於15%，一般的中小企業很難達到這種水準。透過第1招選出來的股票，很多都是龍頭公司。正因為是龍頭公司，才能有平穩的高ROE表現，若是有配發穩定的現金股利，那就更加理想，這種公司很適合作為長期投資標的。

工具機龍頭——上銀（2049）：過去5年的ROE平均大於15%，屬於好標的。所以上銀能有這樣的高股價，不算令人意外。

期　別	2006	2007	2008	2009	2010
股東權益報酬率	22.34	28.91	21.55	6.55	31.43

（資料來源：公開資訊觀測站）

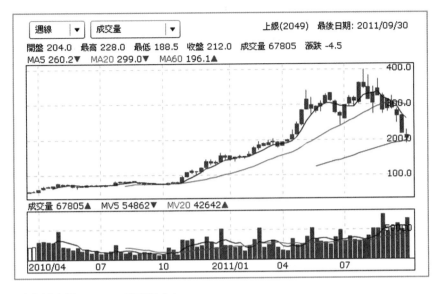

（資料來源：Yahoo!奇摩股市）

>> ROE第2招：**再配合比率**

初步篩選出來的個股，ROE都很高沒錯，但這些畢竟都是過去的資料。因此，要再配合第2招來了解公司現況，可以運用下列法則來檢驗：

1. 近3年或近4季的ROE持續成長。
2. 毛利率持續成長。
3. 營收成長率持續成長。
4. 觀察資產週轉率、負債比率。

ROE持續成長，代表公司一直都是優等生。可以先利用Y!選股工具，找出過去一季符合的股票，並配合公司的毛利率來觀察，若是保持或持續向上，可以列入買進名單。

步驟1：Y!選股設定條件。

　　建議讀者，近一季的ROE可以設定6%。毛利率的設定端看讀者習慣，筆者以30%以上作為選股條件。

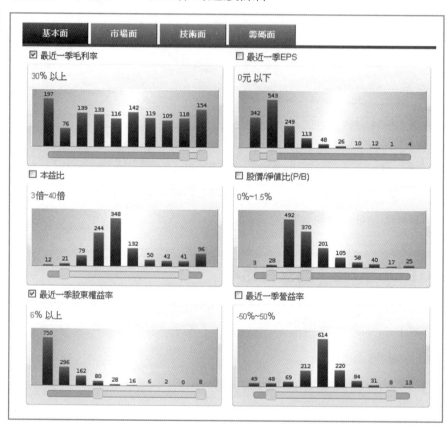

（資料來源：Y!選股）

步驟2：筆者挑選出的個股為統一超（2912）。

獲利能力(100第2季)		最新四季每股盈餘		最近四年每股盈餘	
營業毛利率	31.59%	100第2季	1.83元	99年	5.51元
營業利益率	5.01%	100第1季	1.67元	98年	3.90元
稅前淨利率	7.22%	99第4季	0.77元	97年	3.85元
資產報酬率	3.63%	99第3季	1.68元	96年	3.96元
股東權益報酬率	9.56%	每股淨值:	17.57元		

（資料來源：Yahoo!奇摩股市）

步驟3：上公開資訊觀測站，查閱其過去歷史資料。

期別	2011.2Q	2011.1Q	2010.4Q	2010.3Q	2010.2Q	2010.1Q
營業毛利率	35.61	31.66	30.52	30.99	32.41	33.33
營業利益率	5.29	4.95	3.42	5.18	4.62	4.85
股東權益報酬率	9.06	8.02	4.03	8.8	7.98	7.79
負債比率	70.93	64.83	66.13	66.22	69.88	64.99
總資產週轉率(次)	0.63	0.63	0.66	0.65	0.6	0.6

（資料來源：公開資訊觀測站）

　　統一超的營業毛利率逐季成長，股東權益報酬率連兩季成長，負債比率部分處於合理範圍，總資產週轉率次數維持平穩，因此判定統一超是檔可以買進的標的。

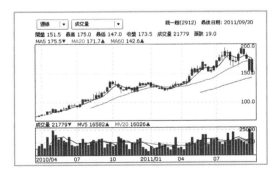

（資料來源：Yahoo!奇摩股市）

>> ROE第3招：**檢查ROE夠健康嗎？**

ROE爆肥或爆瘦都不好，讀者可以利用下面列出來的3個法則來檢查一下。

1. 檢查毛利率與淨利率。

毛利率和淨利率的差別，在於營業外損益。前面的章節有提到，我們喜歡注重本業的公司，營業外損益會影響當年度的淨利，實際的情況，要請讀者去看看財報中的損益表說了什麼。例如賣土地的收益，屬於一次性的收益，下一年就沒有了，這會導致今年的淨利率爆肥。

2. 檢查總資產週轉率。

總資產週轉率，則是要檢查經營的效率，要觀察有沒有突然下降，以及同業之間的比較。

3. 檢查負債比率。

負債比率，主打的是財務結構。股東權益乘數高，這個比率就會高；反之，股東權益乘數低，則此比率就會低。

舉個例子，統一超（2912），2010年毛利率31.75%，稅前淨利率3.75%，資產週轉率2.51次，負債比率66.13%。當年度的ROE為28.18%，主要是靠週轉率和負債提高其ROE。統一超是零售業，週轉率是重點；統一超過去的負債比率多在60%以上，顯示其善用負債，創造高ROE的表現。透過這樣的分解，就可以知

道ROE是怎麼創造出來的。

　　然而，這裡要提醒讀者，ROE是用來觀察資本的運用效率，若
公司不善用股東們投入的資本，這種公司不要也罷。

第五章
Yahoo!奇摩股市・Y!選股

5-1
Yahoo!奇摩股市
掌握台股、國際股市第一手資料

工欲善其事，必先利其器

　　Yahoo!奇摩，是全台最大的入口網站，而其中的Yahoo!奇摩股市，應該是多數人第一次接觸股票的媒介。

　　Yahoo!奇摩股市的使用者眾多，齊全的功能讓人愛不釋手。90%以上的資訊，都可以在Yahoo!奇摩股市中找到。「工欲善其事，必先利其器」，Yahoo!奇摩股市可以作為投資股票的好工具，現在要向讀者分享，平日怎麼善用Yahoo!奇摩股市。

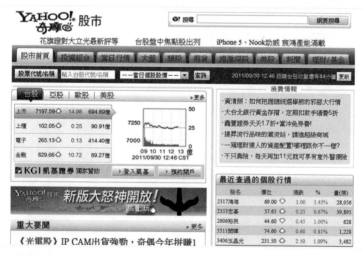

（資料來源：Yahoo!奇摩股市）

Yahoo!奇摩股市——盤前資訊完整

　　早上台股開盤前，需要瀏覽一下昨晚美股的收盤變化。觀察美股時，以觀察S&P500、那斯達克指數為主，道瓊工業指數和費城半導體為輔。原因在於S&P500和那斯達克指數涵蓋的企業數多，較能反應美國企業的情況。

　　道瓊工業指數則是台灣多數散戶投資人會觀看的指標，只有30家歷史悠久的公司，代表性其實是不足的。而費城半導體指數與台灣半導體業有關連，故應參考。

美加					資料日期：09/30/2011
名稱及代號	時間	指數	漲跌	漲跌幅	開收盤時間
道瓊工業(^DJI)	04:04AM	11153.98	▲143.08	+1.30%	台灣時間：21:30pm-隔日04:00am
那斯達克(^IXIC)	05:30AM	2480.76	▼10.82	-0.43%	台灣時間：22:30pm-隔日05:00am
史坦普指數(^SPX)	04:19AM	1160.40	▲9.34	+0.81%	台灣時間：21:30pm-隔日04:00am
費城半導體指數(^SOX)	05:30AM	350.82	▼4.54	-1.28%	台灣時間：22:30pm-隔日05:00am
羅素 2000(^RUT)	04:50AM	662.80		+0.00%	台灣時間：22:30pm-隔日05:00am
加拿大綜合(^GSPTSE)	04:22AM	11686.32		+0.00%	台灣時間：23:30pm-隔日06:00am

（資料來源：Yahoo!奇摩股市）

5-1

　　此外，若是當日有重要經濟數據公布，就要留意一下財經新聞。若是面臨超級財報週時，更要密切關注重量級公司的數字，例如：蘋果、英特爾等等。

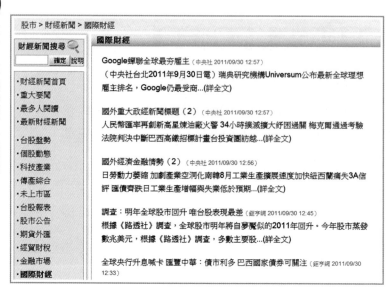

（資料來源：Yahoo!奇摩股市）

　　開盤在台股之前的國家，最重要的就屬日本和韓國，日韓的開盤對於台股有一定的影響力。可以用日韓的開盤狀況，來判斷之後台股的開盤情況。

亞洲國家					資料日期：09/30/2011
名稱及代號	時間	指數	漲跌	漲跌幅	開收盤時間
日經指數(^N225)	12:46PM	8675.29	▼25.94	-0.30%	台股時間：08:00am-14:15pm
香港恆生(^HSI)	12:51PM	17636.47	▼374.59	-2.08%	台股時間：10:00am-16:00pm
上海綜合(000001.SS)	12:47PM	2356.48	▼8.86	-0.37%	台股時間：09:30am-15:00pm
上海A股(000002.SS)	12:47PM	2468.27	▼9.26	-0.37%	台股時間：09:30am-15:00pm
上海B股(000003.SS)	12:47PM	238.41	▼1.33	-0.55%	台股時間：09:30am-15:00pm
深圳A股(^SZSA)	11:30AM	1049.16	▼5.72	-0.54%	台股時間：09:30am-15:00pm
深圳B股(^SZSB)	11:30AM	546.88	▼3.62	-0.66%	台股時間：09:30am-15:00pm
南韓綜合(^KS11)	12:47PM	1753.94	▼15.35	-0.87%	台股時間：08:00am-14:00pm
星股海峽(^STI)	12:47PM	2671.47	▼36.66	-1.35%	台股時間：09:00am-17:00pm
馬來西亞(^KLSE)	12:31PM	1387.65	▲0.19	+0.01%	台股時間：09:00am-17:00pm
澳洲(^AORD)	12:47PM	4066.30	▼1.60	-0.04%	台股時間：08:00am-14:00pm
印度(^BSESN)	12:57PM	16642.79	▼55.28	-0.33%	台股時間：12:30pm-17:30pm

（資料來源：Yahoo!奇摩股市）

最後，08:45期貨開盤，在前面文章也提過，要注意期貨的表現，期貨與台股密不可分。

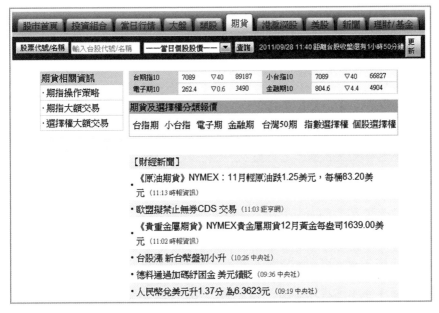

（資料來源：Yahoo!奇摩股市）

Yahoo!奇摩股市——盤中報價簡單清楚

09:00開盤，多空雙方的角力戰開演，就如同一場精采的電影。09:00～09:30是大盤變動最劇烈的時間，建議觀察即可，先不要急著進場。

09:30至10:30這一個小時，大盤的強弱勢可以慢慢觀察出來。此時，可以進去Yahoo!奇摩股市中的熱門個股，觀察一下大盤的主流族群是在哪裡。

法人進出	成交比重	資券餘額	熱門排行					
資料日期：100 / 09 / 30　13：30				上市熱門股排行				上櫃熱門股排行
名次	股票代號/名稱	成交價	漲跌	漲跌幅	最高	最低	價差	成交張數	成交值(億)
1	2886 兆豐金	21.35	△0.45	+2.15%	21.85	21.20	0.65	68,542	14.7702
2	2330 台積電	70.00	▽0.30	-0.43%	70.80	69.00	1.80	60,198	41.9732
3	2892 第一金	19.80	△0.25	+1.28%	20.30	19.75	0.55	58,026	11.6140
4	2891 中信金	18.20	△0.75	+4.30%	18.45	17.65	0.80	55,556	10.0297
5	2610 華航	15.20	△0.40	+2.70%	15.40	14.95	0.45	51,675	7.8449
6	2353 宏碁	37.70	△0.30	+0.80%	37.75	36.60	1.15	48,001	17.8905
7	2823 中壽	29.25	△0.40	+1.39%	30.10	28.65	1.45	46,432	13.6900
8	2384 勝華	24.15	▽0.65	-2.62%	25.15	24.05	1.10	46,268	11.3007
9	2618 長榮航	20.35	△1.05	+5.44%	20.50	19.50	1.00	42,274	8.4972
10	2881 富邦金	32.10	△0.10	+0.31%	32.80	31.95	0.85	41,946	13.5520
11	2801 彰銀	17.60	△0.10	+0.57%	18.00	17.50	0.50	41,730	7.4057
12	2885 元大金	15.50	△0.20	+1.31%	15.60	15.35	0.25	39,801	6.1657
13	3231 緯創	34.95	▲2.25	+6.88%	34.95	32.40	2.55	37,748	12.7537
14	2311 日月光	26.50	▽0.40	-1.49%	26.95	26.35	0.60	37,307	9.9193
15	2317 鴻海	69.20	▽0.80	-1.14%	70.90	68.60	2.30	36,961	25.6561

（資料來源：Yahoo!奇摩股市）

另外，想找尋標的的讀者，Yahoo!奇摩股市也有可運用的資料，前面提到的排行榜選股，就是在盤中可運用的好工具。從漲幅排行榜中，可以找尋到一些表現不錯，但是還沒有漲停的公司股票，若是剛好處於起漲的位置，讀者又剛好挑到，未來將會有一段獲利空間。

法人進出	成交比重	資券餘額	熱門排行					
資料日期：100 / 09 / 30　13：30				上市漲幅排行				上櫃漲幅排行
名次	股票代號/名稱	成交價	漲跌	漲跌幅	最高	最低	價差	成交張數	成交值(億)
1	9941 裕融	53.50	▲3.50	+7.00%	53.50	49.50	4.00	4,189	2.1589
2	8011 台通	34.45	▲2.25	+6.99%	34.45	32.50	1.95	1,510	0.5064
3	8033 雷虎	9.04	▲0.59	+6.98%	9.04	9.04	0.00	580	0.0524
4	3638 IML	95.10	▲6.20	+6.97%	95.10	93.10	2.00	1,921	1.8242
5	2458 義隆	33.05	▲2.15	+6.96%	33.05	31.10	1.95	6,805	2.1901
6	3665 KY貿聯	28.45	▲1.85	+6.95%	28.45	26.55	1.90	512	0.1447
7	3573 穎台	47.75	▲3.10	+6.94%	47.75	45.35	2.40	1,924	0.9035
8	9928 中視	23.95	▲1.55	+6.92%	23.95	22.45	1.50	1,109	0.2627
9	2516 新建	9.11	▲0.59	+6.92%	9.11	8.62	0.49	2,544	0.2300
10	3376 新日興	61.90	▲4.00	+6.91%	61.90	60.10	1.80	2,284	1.4035
11	3697 KY晨星	162.50	▲10.50	+6.91%	162.50	153.00	9.50	13,428	21.4157
12	3231 緯創	34.95	▲2.25	+6.88%	34.95	32.40	2.55	37,748	12.7537
13	2358 美格	7.47	▲0.48	+6.87%	7.47	6.85	0.62	994	0.0732
14	6235 華孚	12.50	▲0.80	+6.84%	12.50	11.85	0.65	2,305	0.2822
15	2114 鑫永銓	57.90	▲3.70	+6.83%	57.90	54.50	3.40	535	0.3032

（資料來源：Yahoo!奇摩股市）

13:30收盤，之後就是等待證券交易所和期貨交易所公布的資訊，以下是筆者盤後會做的功課。

三大法人進出

三大法人的買賣，對於台股的影響，讀者一定知道，這是必看的資料。外資買賣多少要記得看，畢竟台股受到外資的影響還是很大。自營商和投信則可以參考就好。

法人進出　成交比重　資券餘額　熱門排行

資料日期：100/09/27　集中市場

	投　信	外　資					自營商
		境內 外國機構	境外 外國機構	境內外僑	境外外僑	合計	
買進(億)	37.43	0.02	258.13	0.29	7.46	265.90	38.25
賣出(億)	27.96	0.00	242.78	0.27	10.70	253.75	32.39
買賣超(億)	9.47	0.02	15.35	0.02	-3.24	12.15	5.86
全部總計	27.50億						

資料日期：100/09/27　店頭市場

	投　信	外　資	自　營　商
買進(億)	2.37	11.86	2.57
賣出(億)	5.95	4.30	3.17
買賣超(億)	-3.58	7.56	-0.60
全部總計	3.38億		

（資料來源：Yahoo!奇摩股市）

5-1

Yahoo!奇摩股市

Yahoo!奇摩股市網頁中，有公布外資的買賣超，而且提供資料包括外資當日買賣超前100名個股，資料完整。

資料日期：100/09/29	上市外資買超排行					上櫃外資買超
名次	股票代號/名稱	成交價	漲　跌	買超張數	外資持股張數	外資持股比率
1	2886兆豐金	20.90	△0.80	16,879	2,697,613	23.91%
2	2330台積電	70.3	0	14,960	18,829,901	72.66%
3	2303聯電	11.45	▽0.10	8,802	5,068,061	39.02%
4	2885元大金	15.30	△0.10	8,309	3,478,380	34.72%
5	2412中華電	101.0	△0.5	8,011	1,960,897	25.27%
6	2618長榮航	19.30	△0.35	7,985	448,875	15.15%
7	2325矽品	29.50	△0.80	7,263	1,742,715	55.92%
8	2382廣達	56.3	△0.3	6,748	1,277,903	33.27%
9	2892第一金	19.55	△0.30	6,428	1,351,780	17.63%
10	2891中信金	17.45	△0.40	5,693	4,736,041	47.45%
11	2883開發金	9.08	△0.09	5,590	1,564,650	14.04%
12	2317鴻海	70.0	△1.0	5,444	4,637,011	43.38%
13	2887台新金	11.75	△0.15	4,292	2,602,614	41.14%
14	1402遠東新	30.75	△1.10	4,163	1,156,333	23.61%
15	3481奇美電	12.40	0	4,159	1,384,309	18.92%

（資料來源：Yahoo!奇摩股市）

成交比重

當日的資金，著重在哪些類股？台股絕大部分都是電子股組成，所以台股的強弱，端看電子股的表現。集中市場中，電子股成交比重是否有在60%以上，是觀察盤勢的重點。建議讀者可以連續觀察幾天，就可以抓到近期的類股強弱。

資料日期：100/09/27		集中市場					
類股	成交比重	類股	成交比重	類股	成交比重	類股	成交比重
水泥(11)	1.10%	食品(12)	1.02%	塑膠(13)	5.48%	紡織(14)	1.16%
電機(15)	5.09%	電器(16)	0.24%	化工(17)	3.07%	玻陶(18)	0.20%
紙類(19)	0.07%	鋼鐵(20)	1.30%	橡膠(21)	1.53%	汽車(22)	1.13%
電子(23)	60.71%	營建(25)	1.66%	運輸(26)	2.24%	觀光(27)	0.17%
金融(28)	7.96%	百貨(29)	1.69%	其他(99)	0.96%		

（資料來源：Yahoo!奇摩股市）

融資融券

融資融券，事關大盤的籌碼穩定度。融資適度但不可以過高，否則會影響往後的盤勢。讀者可以運用第三章〈籌碼面選股〉中的資券祕辛所教的訣竅，進行判斷。

法人進出　成交比重　資券餘額　熱門排行

	上市資券餘額					
	融　資		融　券		當　沖	
資料日期	增減(億)	餘額(億)	增減(張)	餘額(張)	增減(張)	總數(張)
100/09/27	-21.66	2,305.77	22,245	620,962	70,609	336,911
100/09/26	-46.44	2,327.80	-12,277	598,728	-36,501	266,302
100/09/23	-12.76	2,374.50	-45,397	611,005	64,404	302,803
100/09/22	13.61	2,389.47	-8,231	656,402	-95,028	238,399
100/09/21	5.40	2,375.90	10,253	664,631	41,940	333,427
100/09/20	19.75	2,371.26	858	654,379	129,913	291,487
100/09/19	3.96	2,351.50	4,319	653,521	-120,539	161,574

（資料來源：Yahoo!奇摩股市）

歐股開盤

　　國際股市交易日下午16:00，歐股開盤。歐股主要觀察重點在於德國和法國，德法兩大歐元區主要經濟體，一舉一動都會影響歐洲市場的變化。歐股的表現，也會間接影響美股的開盤表現，讀者也要多加留意。

歐洲					資料日期：09/29/2011
名稱及代號	時間	指數	漲跌	漲跌幅	開收盤時間
法國 CAC(^FCHI)	11:54PM	3027.65	▲32.03	+1.07%	台灣時間：16:00pm-隔日00:00am
德國 DAX(^GDAXI)	11:45PM	5639.58	▲61.16	+1.10%	台灣時間：16:00pm-隔日02:00am
英國金融時報(^FTSE)	11:35PM	5196.84	▼20.79	-0.40%	台灣時間：16:00pm-隔日00:00am

（資料來源：Yahoo!奇摩股市）

Yahoo!奇摩股市──推出股市大玩咖模擬交易平台

　　筆者在進入股市之前，進行過一段時間的模擬交易。坊間的模擬交易系統，總覺得用不順手；幸好Yahoo!奇摩股市推出了「股市大玩咖」模擬交易平台，對於想模擬交易的讀者，實為一大福音。

　　模擬交易，雖然不是用真錢，但若是用虛擬貨幣都虧損，代表操作策略有問題。藉由不斷進行模擬交易，可以慢慢修正自己的操作策略。不過，要提醒讀者的是，真實市場的交易，會面臨到心理上的因素。所以，建議讀者在模擬交易時，就要以真實的情境下去操作，讓自己逐步去修正，這樣才會達到模擬交易的意義。

交易，依靠的是努力。沒有努力過，想要投資獲利是很難的。善用模擬交易，未來可以不用再付很多學費，來驗證自己的方法，也才能讓自己的交易策略與技巧更為熟練。

（資料來源：Yahoo!奇摩股市，股市大玩咖）

5-2
Y!選股
通盤考量，智慧選股

總是為太多選擇感到困擾嗎？不知從何下手，不知誰是理想標的嗎？透過Y!選股的篩選機制，你就能一步一步找出心中最愛。

一般投資人進行條件

選股，通常分為四大部分：基本面、市場面、技術面、籌碼面。但一般券商的看盤軟體，其實都沒有提供這樣的功能，有的也多半是相當陽春。這些軟體最大的問題就是通常都只有單一部分，而無法結合多條件來篩選出投資人真正想要投資的股票。

舉例來說，若想要挑出營收當季的年成長率10%、股價在MA10以上的股票，通常都必須先從基本面中，選出符合最近一季營收年成長率10%的群組，再用技術面挑出股價在MA10以上的群組，接著再把這兩堆股票交叉比對，找出有交集的股票。

條件設定得越多，交叉比對的時間就會越多，這對於一般時間有限的投資人來說，其實是件相當繁瑣的事。若是想要省點時間，就必須花大錢去購買專業的看盤系統，導致還沒開始賺錢就必須先花錢，這也是讓投資人卻步的事。

但是，投資人現在有福了，Y!選股的「智慧選股」，不但一次幫我們網羅了這四大部分，還把這四大部分中，投資人最常用的條件都列上。以基本面為例，最近一季毛利率、本益比、最近一季EPS、股價淨值比、股東權益報酬率等，通通都有。最棒的是，當你在進行條件設定的時候，Y!選股就已經開始篩選，效率相當高。你可以任意加上不同面向的條件，只要勾選想要的部分，設定好數據範圍，Y!選股會「立刻」幫你挑出符合條件的個股，為投資人節省相當多時間。

　　舉例來說，如果想找出最近一季毛利率介在16%到30%之間的股票，只需要在介面上勾選並調整成想要的數據範圍即可：

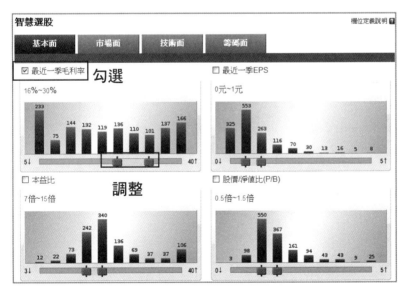

（資料來源：Y!選股）

選股結果	符合條件選股有347檔，目前顯示20檔　看全部			101/01/04 19:36
股名	價格(元) ⬍	漲跌(元) ⬍	漲跌幅(%) ⬍	毛利率(%) ⬍
☐ 1301台塑	78.00	-1.40	-1.76	16.18
☐ 1303南亞	61.20	-0.20	-0.33	16.52
☐ 1314中石化	26.95	0.10	0.37	18.00
☐ 1324地球	11.20	0.00	0.00	17.06
☐ 1469理隆	9.00	0.00	0.00	16.96
☐ 1504東元	18.25	0.10	0.55	16.94
☐ 1521大億	56.50	1.10	1.99	16.44
☐ 1528恩德	13.80	0.25	1.85	19.16
☐ 1530亞崴	26.80	0.50	1.90	19.36
☐ 1531高林股	19.90	0.15	0.76	17.38

（資料來源：Y!選股）

　　透過第1個條件，一共選出347檔股票。接著，用市場面來設定第2個條件，找出股價站上MA5的股票：

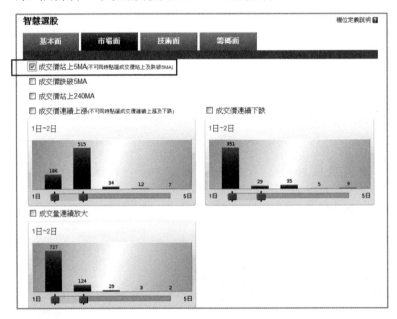

（資料來源：Y!選股）

條件一設定完馬上出現結果,兩個條件都符合的,只剩下192檔股票。

選股結果	符合條件選股有192檔,目前顯示20檔 看全部				101/01/04 19:43
股名	價格(元)	漲跌(元)	漲跌幅(%)	毛利率(%)	5MA
□1303南亞	61.20	-0.20	-0.33	16.52	60.48
□1324地球	11.20	0.00	0.00	17.06	11.08
□1504東元	18.25	0.10	0.55	16.94	17.98
□1530亞崴	26.80	0.50	1.90	19.36	26.48
□1531高林股	19.90	0.15	0.76	17.38	19.72
□1604聲寶	8.44	0.04	0.48	17.41	8.35
□1711永光	16.05	0.20	1.26	19.08	15.92
□1726永記	42.70	0.00	0.00	19.81	42.79
□1788杏昌	63.30	0.00	0.00	17.31	63.32
□1802台玻	30.95	0.40	1.31	19.05	30.90
□1805寶徠	14.70	0.00	0.00	18.32	14.64

(資料來源:Y!選股)

192檔股票還是太多,再繼續加入其他的條件:籌碼面,三大法人買超2~3日。

這樣篩選過後就只剩下34檔囉!再接再厲!

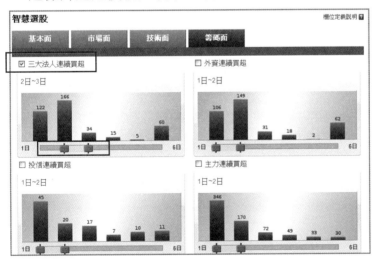

(資料來源:Y!選股)

選股結果	符合條件選股有34檔，目前顯示20檔　看全部				101/01/04 19:45
股名	價格 (元)	漲跌 (元)	漲跌幅 (%)	毛利率 (%)	5MA
□1319東陽	32.80	0.30	0.92	20.83	32.43
□1504東元	18.25	0.10	0.55	16.94	17.98
□1517利奇	11.05	0.15	1.38	21.99	10.83
□1604聲寶	8.44	0.04	0.48	17.41	8.35
□1701中化	17.10	0.10	0.59	24.43	17.02
□1711永光	16.05	0.20	1.26	19.08	15.92
□1712興農	12.10	0.05	0.41	23.59	12.00
□2375智寶	4.00	0.04	1.01	22.26	3.99
□2376技嘉	21.90	0.10	0.46	17.22	21.48
□2436偉詮電	13.65	0.10	0.74	21.98	13.68
□2449京元電	10.15	0.10	1.00	19.63	10.03
□2450神腦	92.50	1.60	1.76	16.15	91.78
□2481強茂	14.70	0.20	1.38	19.86	14.58

（資料來源：Y!選股）

再加上一個條件，技術面日KD黃金交叉買點：

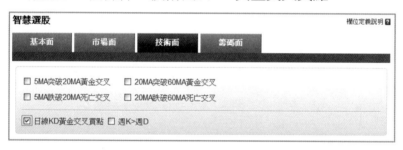

（資料來源：Y!選股）

猜猜看還剩幾檔股票呢？各位觀眾，只剩8檔！

股名	價格(元)	漲跌(元)	漲跌幅(%)	毛利率(%)	5MA	日K值
□ 1504東元	18.25	0.10	0.55	16.94	17.98	64.52
□ 1712興農	12.10	0.05	0.41	23.59	12.00	65.91
□ 2376技嘉	21.90	0.10	0.46	17.22	21.48	61.55
□ 3311閎暉	69.00	0.50	0.73	16.30	68.32	57.53
□ 3573穎台	37.90	1.20	3.27	20.51	37.07	63.68
□ 5392鷹華	52.50	0.90	1.74	16.20	51.76	32.63
□ 6605帝寶	58.00	0.30	0.52	27.15	57.86	73.89
□ 8234新漢	22.20	0.40	1.83	22.57	21.72	67.38

▼ 你的選股條件為：

1　最近一季毛利率 16%~30%

2　成交價站上5MA

3　三大法人連續買超 2日~3日

4　日線KD黃金交叉買點

（資料來源：Y!選股）

　　以上只是用step by step的方式講解，方便讓大家知道這個功能的強大之處，並不是這樣的選股條件設定就是最好的。

　　每個投資人都可以依自己的喜好去設定，篩選出偏好的個股類型，比較注重成長性，可以選擇基本面的營收增加或是EPS增加；比較注重安全性，就可以挑選本益比較低，ROE較穩定的條件設定；想看籌碼的就選三大法人，還可分成外資、投信、券資比等條件。你每添加一個條件，「Y!選股」就會馬上進行搜尋，讓投資人可以迅速選出，自己心目中的夢幻致富組合。

5-2

Y選股

多檔比較不吃虧，個股健診有一套！

個股健診				欄位定義說明

旺宏2337　[加入投資組合]　　　股票代號/名稱 輸入股票代碼/名稱　查詢

| 2337 旺宏 | 2330 台積電 | 2303 聯電 | 2311 日月光 | 2325 矽品 | GO |

01/04收盤價 12.25元　　漲跌 ▲0.15　　漲跌幅 ▲1.24　　近52週最高 23.75元　　近52週最低 10.25元

基本面		技術面		籌碼面			
2011/11營收	30.11億元	計算日期	01/04	三大法人進出 (張)			
2011/Q3毛利率	31.19%	近5日成交量	51993	日期	外資	投信	自營商	合計
2011/Q3EPS	0.11元	近一週股價表現	-1.63%	01/04	1513	0	-99	1414
本益比	13.44倍	近一月股價表現	-3.97%	01/03	523	-1517	1073	79
每股淨值	12.12元	近三月股價表現	12.04%	01/02	844	-867	-530	-553
股價淨值比	1.00	K值	44.12	資券 (張)			
2011/Q3ROE	0.83%	D值	50.43	01/03	數值	增減	
		MACD值	1.44	融資餘額	97377	605	
				融券餘額	2355	652	
				券資比	2.42%	0.65%	
▶看更多		▶看更多		▶看更多			

（資料來源：Y!選股）

　　「Y!選股」中「個股健診」的功能，讓投資人可以很快掌握到個股的基本面、技術面、籌碼面的狀況，不像過去要查詢都得要一直按滑鼠翻頁、點擊不同頁面。現在「Y!選股」將這些投資人需要的資訊，用一個簡易的方式呈現出來，讓人可以一目瞭然，以後就不需要花時間在找資料上，只需要專心的下決定就好。另外，讓筆者更感到貼心的，是上圖中用紫色線框起來的部分，可以讓投資人自行比較相同類股中的不同個股狀況，也就是所謂的同業比較，更是下投資決定的好幫手！

當我們把「GO」按下去的時候，就會開始進行比較，而出現下列結果：

股名	2011/11 營收成長率	2011/Q3 毛利率	2011/Q3 營益率	2011/Q3 EPS	本益比	2011/Q3 每股淨值	2011/Q3 股價/淨值比	2011/Q3 ROE
2303聯電	-2.31%	19.79%	6.10%	0.15	10.57	16.58元	0.78	0.91
2311日月光	-9.22%	25.43%	15.72%	0.51	11.14	15.12元	1.74	3.70
2325矽品	-3.07%	14.96%	7.75%	0.47	18.37	18.95元	1.48	2.46
2330台積電	-5.44%	40.88%	29.80%	1.17	13.71	23.10元	3.28	5.18
2337旺宏	-9.12%	31.19%	7.23%	0.11	13.44	12.12元	1.00	0.83

個股比較結果　　　101/01/04 19:53　單位：％或元

加入投資組合

（資料來源：Y!選股）

從上圖比較中，也可以很清楚地看到，各家公司實際的營運狀況為何。例如台積電在2011年9月的營收成長率呈現衰退的情況；而旺宏的9月營收成長率還逆勢成長；華亞科的毛利率遠遜於其他相比較的個股等，誰強誰弱一目瞭然。甚至還可以馬上將這些股票直接加入自己的投資組合，時時追蹤，除了讓你迅速為個股把脈，也是順便替自己的資產做了快速把關的動作，不再盲目投資，當個輕鬆又能獲利的快樂投資人。

第六章
Yahoo!奇摩股市‧
10大熱門個股祕辛

　　根據Yahoo!奇摩股市2011年6月至11月的統計，鴻海、中鋼、聯發科、宏達電、勝華、宏碁、中華電、可成、台積電、友達，為網友們搜尋次數最多的十大熱門股。

　　證券交易所每個月都會公布前一個月的十大成交個股，以下為證交所2011年6月至9月份的資料。可以發現多檔個股，與Yahoo!奇摩股市的搜尋統計相符合。由此推斷，Yahoo!奇摩股市的熱門搜尋，只要榜上有名，未來多半會成為熱門成交股，這樣的結果，就可能是一個獲利的關鍵！

　　由於證券交易所公布的都是月資料，屬於落後的資料，既然Yahoo!奇摩股市的熱門搜尋資料，與證券交易所公布的資訊相近，就可以利用Yahoo!奇摩股市的熱門搜尋，去找尋適合的投資標的，特別是那些名列榜上，卻尚未發動的個股。

2011 年 6 月		2011 年 7 月	
證 券 名 稱	成 交 金 額	證 券 名 稱	成 交 金 額
2498 宏達電	181,196,963	2498 宏達電	172,861,312
2330 台積電	96,761,306	2474 可成	74,031,334
2474 可成	57,742,544	2330 台積電	73,569,965
2317 鴻海	50,625,457	2454 聯發科	67,807,229
2454 聯發科	50,190,674	2317 鴻海	58,339,838
2049 上銀	42,846,754	2002 中鋼	48,099,386
2412 中華電	39,883,858	2049 上銀	46,624,702
3673 TPK	31,945,164	2412 中華電	45,530,702
2384 勝華	28,080,561	2354 鴻準	37,460,304
3008 大立光	26,980,111	3673 TPK	37,040,291
2011 年 8 月		2011 年 9 月	
證 券 名 稱	成 交 金 額	證 券 名 稱	成 交 金 額
2498 宏達電	150,440,737	2498 宏達電	139,143,146
2474 可成	108,084,389	2454 聯發科	110,850,616
2454 聯發科	99,279,008	2474 可成	89,773,822
2317 鴻海	99,250,859	2317 鴻海	79,176,451
2330 台積電	84,617,942	2330 台積電	74,225,031
2049 上銀	78,609,983	2049 上銀	63,444,302
2412 中華電	46,760,270	2881 富邦金	33,534,351
2823 中壽	46,589,542	3697 KY 晨星	30,902,879
0050 台灣 50	46,078,920	3008 大立光	30,135,467
2357 華碩	44,894,428	3673 TPK	29,239,274

（資料來源：台灣證券交易所）

　　以下將分析這十檔個股的基本面、技術面、籌碼面，讓讀者作為參考。

6-1
霸氣董事長：鴻海（2317）

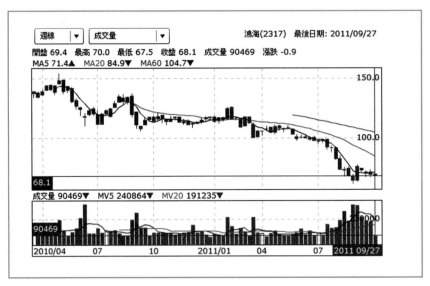

（資料來源：Yahoo!奇摩股市）

鴻海的股價，讓許多投資人心碎。鴻海，究竟發生了什麼問題？

基本面觀察

營收方面，鴻海從2010年上半年開始，維持營收能增率持續成長，但是下半年開始，營收雖然還是呈現正的年增率，但已經有步入衰退的趨勢。

毛利率和營收利益率方面，從2006年開始至2011年第2季，其

實可以發現，兩者都是呈現走下坡現象。

　　稅後EPS方面，在營收走緩，毛利率和淨利率走下坡的情況下，稅後EPS勢必不會太好看。2009年賺8.8元，2010年賺8元，2011年以目前兩季結算的EPS為2.71元。在維持目前的營運狀況下，2011的EPS幾乎快腰斬。

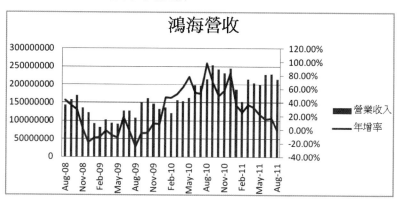

（資料來源：全曜財經資訊）

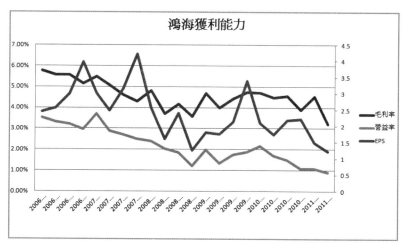

（資料來源：全曜財經資訊）

技術面觀察

在技術分析上，呈現出下降的趨勢。週K線圖中，均線排列上也呈現空頭排列。

籌碼面觀察

投信部分，在週K線圖中，出現投信連續買超的現象，顯示投信開始對鴻海有信心。至於外資則呈現持續賣超的情況。

（資料來源：嘉實資訊）

進出場法則

鴻海可以採用均線法則，MA20與MA60的交叉法則來買賣。

2009年3月17日進場價位：73.7元。

2010年2月5日出場價位：132.5元。

報酬率：79.7%

6-2
散戶最愛：中鋼（2002）

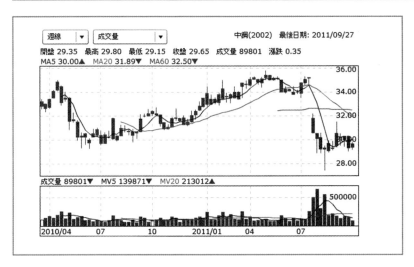

（資料來源：Yahoo!奇摩股市）

中鋼是台灣投資人最愛的股票之一，有一說是中鋼的股東多是台灣的散戶投資人，當股價下跌的時候，會有一群忠實的投資人進去低接，所以中鋼的股價意外地抗跌。

基本面觀察

營收成長率上，2010年下半年後，開始呈現衰退趨勢，但細看之下，其實營收是很平穩的。

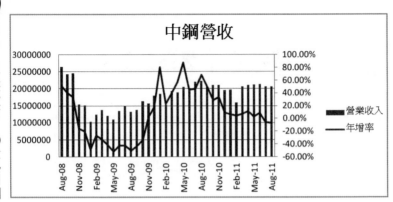

（資料來源：全曜財經資訊）

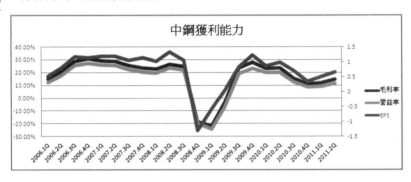

（資料來源：全曜財經資訊）

技術面觀察

觀察日線圖，中鋼從2011年7月26日後，股價多在MA240之下，還是空方較為強勢。

籌碼面觀察

投信自2011年8月開始，出現連續買超的狀況。

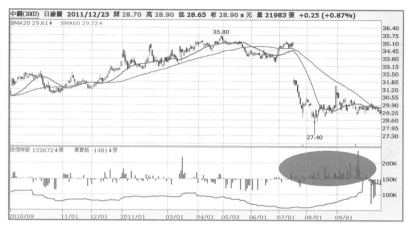

（資料來源：嘉實資訊）

進出場法則

　　中鋼深受景氣循環的影響，獲利水準波動大，現金股利落在0.7元～6.7元之間。股價於2008年最高來到54.4元，同年最低來到19.2元。嚴格來說，中鋼不能算是定存概念股，可考慮於PBR1.5倍以下分批進場。

6-3
昔日股王：聯發科（2454）

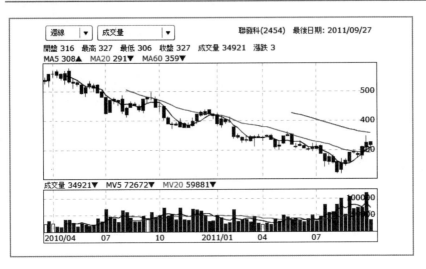

（資料來源：Yahoo!奇摩股市）

聯發科為中國白牌手機供應鏈之一，由於其在3G和智慧型手機上的策略錯誤，導致公司股價低迷。然而，公司整體上，算是一家好公司，不會長期低迷下去。

基本面觀察

聯發科過去受惠於中國的山寨機，營收一直都十分亮眼。然而，2010年1月後，榮景不再。營收年增率從2010年2月突然大幅下滑，在3月到5月期間短暫恢復，6月份後又開始持續負值，營運動能衰退。

聯發科的毛利率一直都不錯，維持在50%上下，但是營收利益

率就差強人意，成本控制上似乎出現了問題。而圖中EPS就反映了這點，波動高，沒有辦法維持成長的能力，但還是能賺錢。只是要維持高股價，就會有難度。

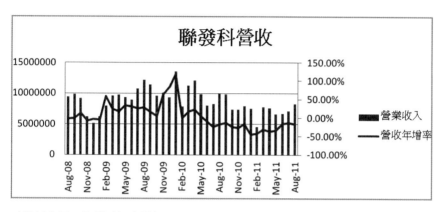

（資料來源：全曜財經資訊）

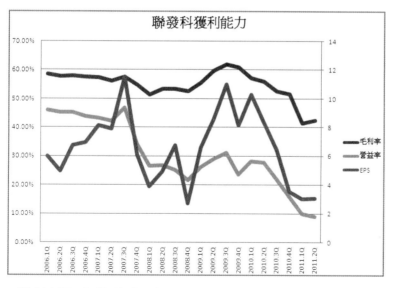

（資料來源：全曜財經資訊）

技術面觀察

從週線圖上觀察，2011年7月～8月期間，出現疑似三重底的形態。

籌碼面觀察

投信部分，於2011年8月19日開始持續買超，2011年9月亦持續買超。聯發科於2011年7月13日決議要採行庫藏股護盤，顯見公司董監事及股東們對公司信心度高。

（資料來源：嘉實資訊）

進出場範例

聯發科可運用均線交叉法則，以MA20與MA60的交叉法則來運用。

2009年2月9日進場價位273元

2010年2月8日出場價位506元

報酬率：85％

6-4
HTC手機：宏達電（2498）

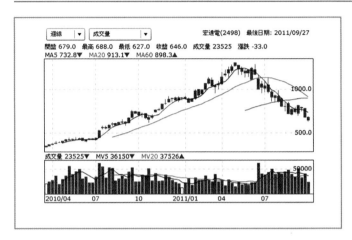

（資料來源：Yahoo!奇摩股市）

智慧型手機大廠宏達電，靠著其自有品牌HTC，在全球手機市場大放異彩。未來，宏達電傳奇將會繼續發光發熱。

基本面觀察

擁有自有品牌HTC的宏達電，2010年可說是它大放光彩的一年，擁有高成長的營收；即使到了2011年，也維持在50%以上的成長。

毛利率雖然有點下滑，但營收利益率多維持在10%上下，有鑑於台幣升值對電子業的影響，毛利率下滑是正常的現象。EPS在宏達電業績火紅的同時，亦呈現持續的高成長態勢。

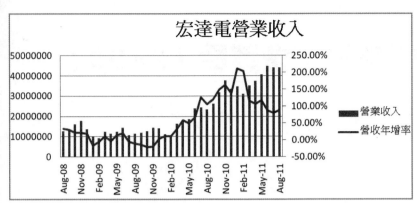

（資料來源：全曜財經資訊）

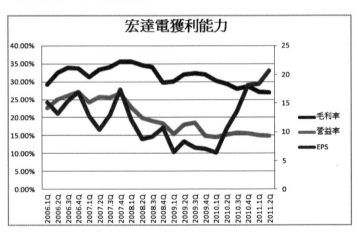

（資料來源：全曜財經資訊）

技術面觀察

從週線圖上來看，宏達電已經跌破上升的趨勢線。此外，宏達電亦跌破關卡價位921、760，呈現弱勢。

日線圖上，2011年7月13日收盤價位已經在MA240之下，空方強勢。

籌碼面觀察

投信在2010年7月期間出現連續大幅買超，宏達電後來出現一波大多頭行情。然而在2011年7月，投信則是賣超遠大於買超。庫藏股部分，宏達電於2011年7月16日通過執行庫藏股政策，卻也改變不了向下趨勢。

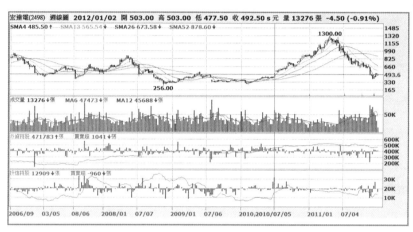

（資料來源：嘉實資訊）

進出場範例

宏達電可以採用均線交叉法則進場，MA20與MA60的進出場法則。

2011年3月26日進場價位369.5元

2011年6月21日出場價位1020元

報酬率：176%

若是採用籌碼面中的投信選股進場，會於2010年7月5日進場，進場價位471.5元；配合均線死亡交叉出場，出場價位1020元。報酬率：116%

6-5
觸控面板大廠：勝華（2384）

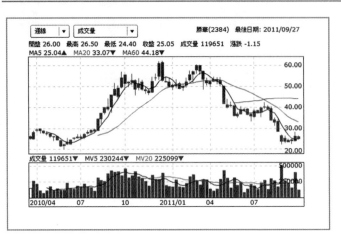

（資料來源：Yahoo!奇摩股市）

　　蘋果概念股之一的勝華，在股價上並未受到蘋果概念股的激勵，原因為何？

基本面觀察

　　觸控面板大廠——勝華，營收表現上非常亮眼。問題是營收持續的成長，股價卻表現不佳。

　　關鍵在於毛利率和營收利益率，營收表現好，但是毛利率和營收利益率低，公司根本賺不到錢。再看看勝華的EPS，在2010年第4季後，逐季下滑，第2季是虧錢的，投資人難認同虧錢的公司，股價自然就難有好的表現。

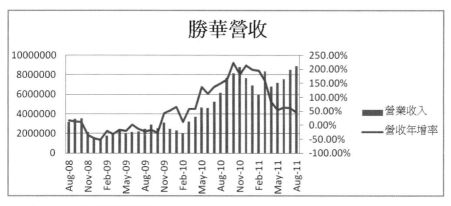

（資料來源：全曜財經資訊）

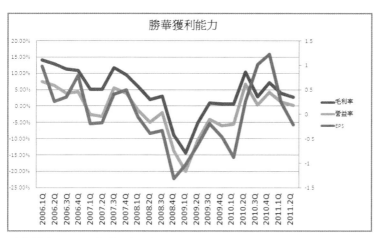

（資料來源：全曜財經資訊）

技術面觀察

　　在週線圖型態上，呈現一個三重頂的頭部形態。2011年4月29日當週跌破MA240，雖然後來有嘗試挑戰MA240，但並未成功，空頭趨勢確立。

籌碼面觀察

投信於2011年4月28日後，持續大幅賣超，持股比例降低。董監事部分，並未有將股票質押的情形發生。

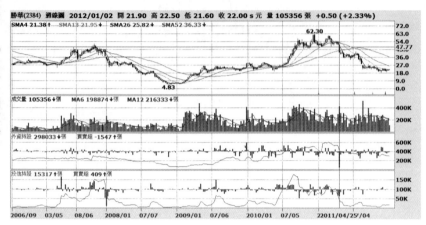

（資料來源：嘉實資訊）

進出場範例

勝華可以採用融資維持率，找尋放空位置。

MA20：56元

融資維持率135%的價位：45.3元

融資維持率120%的價位：40.3元

於2011年4月29日當天開始放空，會有大波段的獲利。

6-6
台灣NB雙雄之一：宏碁（2353）

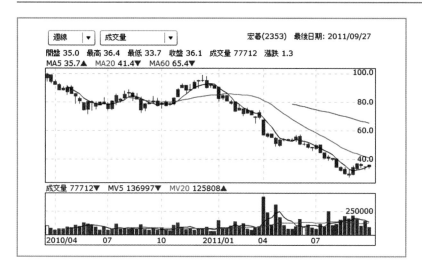

（資料來源：Yahoo!奇摩股市）

　　宏碁，台灣NB大廠之一。由於其於歐洲市場營收比例佔比高，受歐洲消費不振的影響頗大。對宏碁而言，在歐洲消費力道恢復前，會有一段辛苦的時期。

基本面觀察

　　宏碁前執行長蘭奇的閃電請辭，對宏碁的股價影響極大，從營收上就可以清楚看到，自2010年10月開始，營收的年增率呈現負值，鮮少有正成長，可見宏碁的營運動能有趨緩的現象。

　　毛利率和營收利益率部分，在2011第2季之前，都維持平

穩,但在第2季財報資料公布後,呈現驟降的現象。EPS部分,2010Q4、2011Q1、2011Q2,連3季的EPS下滑,顯示宏碁的問題不小。

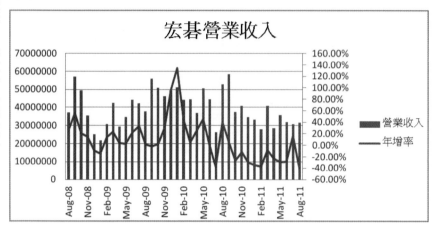

（資料來源：全曜財經資訊）

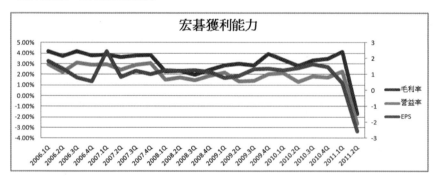

（資料來源：全曜財經資訊）

技術面觀察

週線圖上可看到,一個M頭的形態成形。長達1.5年的頭部,讓宏碁的股價難以翻身。此外,跌破37元(金融海嘯)的低點,顯見宏碁股價的弱勢。若讀者自行切換到日線圖上看來,2011年

開始，股價處於MA240之下，持續下彎的年線，對於股價而言
是道壓力。

籌碼面觀察

投信在2011年後，呈現瘋狂賣出的情形，並未有符合進場的
標準。外資部分，連續賣超現象明顯。庫藏股方面，宏碁有採行
庫藏股策略，但目的並非為護盤，僅是轉讓予員工。

（資料來源：嘉實資訊）

進出場範例

計算融資維持率，來找尋放空的位置。

MA20：93.78。

融資維持率135%的價位：76元。

融資維持率120%的價位：67.5元。

於2011年2月9日當天放空，會有大波段的獲利。

6-7
電信龍頭：中華電（2412）

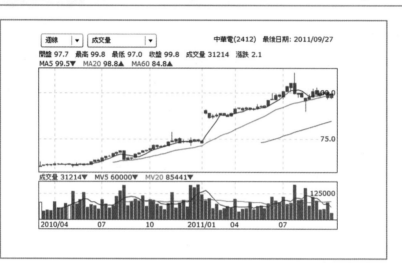

（資料來源：Yahoo!奇摩股市）

　　電信業，在台灣是屬於少數特許的行業，其中又以中華電信為台灣電信業的龍頭。中華電有著穩定配息的特性，是台灣眾多投資人喜愛的定存股之一。

基本面觀察

　　台灣電信業的龍頭——中華電，由於國內電信業者想要使用線路，就必須要付中華電信一筆租金；而人們幾乎每天都有使用電話的需求，只要有人打電話，中華電信就有錢賺，因此中華電信的營收非常穩定。

中華電擁有穩定的毛利率和營收利益率，每季都在45%和30%上下。EPS上，2011年連續兩季成長，長期來看，中華電都維持每年4～5元的水準，加上穩定的配息，可以說是非常適合用來長期投資的股票。

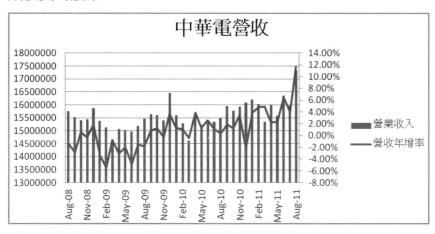

（資料來源：全曜財經資訊）

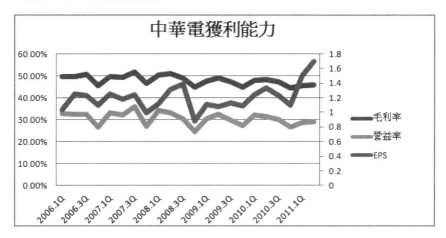

（資料來源：全曜財經資訊）

電信龍頭：中華電

225

技術面觀察

在週線圖和日線圖上，都是屬於多頭的格局。

籌碼面觀察

投信於2011年8月開始連續大量買超。

（資料來源：嘉實資訊）

進出場法則

電信產業營運狀況穩定，受景氣影響較小。中華電信為產業龍頭，獲利穩定，會不定期發放股票股利，現金股利的配發更是穩定，而且現金配發率（現金股利／每股獲利）相當高，除2006年為77%，其餘皆高於85%，屬於極佳的定存股。可考慮在現金殖利率高於5%~6%的價位進場。（若現金股利為5元：現金殖利率5%→推算出價格為5／0.05＝100元；現金殖利率6%→推算出價格為5／0.06=83.3元）

機殼大廠：可成（2474）

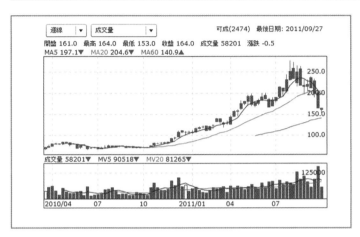

（資料來源：Yahoo!奇摩股市）

可成可以說是2011年以來最火紅的個股之一，它在蘋果的加持下，邁向另一個高峰。

基本面觀察

可成的營收年增率上，筆者採用合併的營收計算。可以發現從2010年4月開始，營收年增率轉正，觀察2～3個月後，確定趨勢形成。

配合毛利率和營業利益率觀察，2010年第2季後，可成的毛利率維持在20%上下，可以說是相當良好。EPS上，搭配營收表現、毛利率、營收利益率，逐季成長，是可以操作的標的。

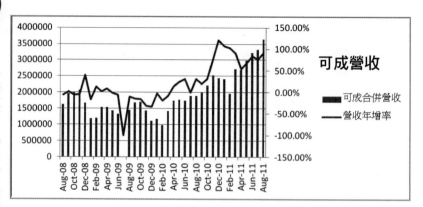

（資料來源：全曜財經資訊）

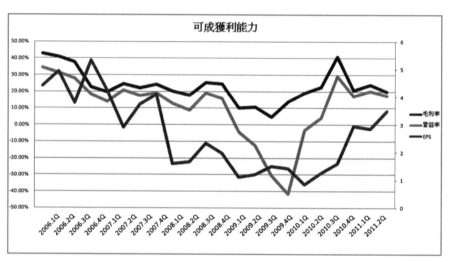

（資料來源：全曜財經資訊）

技術面觀察

從週線圖上觀察，2010年10月11日當週收盤，確立了週KD黃
金交叉的局面。從型態學上來觀察，可成的週線圖形成一個圓形
底的底部型態。

籌碼面觀察

投信籌碼上，從週線圖上可觀察到，從2010年10月11日當週開始，連續買超4週；在日線圖上可看到，2010年10月19日開始連續買超18天，可見投信敲進可成毫不手軟，也奠定可成會往上飆的基礎。

（資料來源：嘉實資訊）

進出場範例

若以基本面判斷，在2010年6月就可進場，但股價還在年線之下。較安全的方式是用MA20和MA60的黃金交叉進場，同時在籌碼面上，投信連買2天，也可以做為參考。

2010年10月20日後進場，進場價位79.9元。

在2011年7月28日創下277.5的高點。快一年的行情，在2011年9月14日出現MA20與MA60的死亡交叉，出場價位217元，報酬率171%。

6-9
台灣半導體業龍頭－台積電（2330）

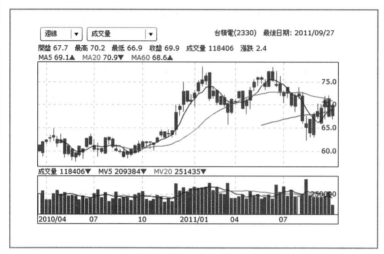

（資料來源：Yahoo!奇摩股市）

歷史悠久的台積電，在台股中有著舉足輕重的地位，也是投資台股不可不關注的個股。

基本面觀察

台灣半導體業龍頭——台積電，在基本面上應該是不容質疑的穩定。觀察其營收表現，在經濟環境好時，只有一個字——「穩」。

毛利率和營收利益率，台積電都維持在40%和30%之上。EPS除了在金融海嘯期間，表現不佳外，EPS多維持在1元以上。最可

觀的其實是台積電的ROE，年年都維持在15%以上，可說是價值股的模範生之一。

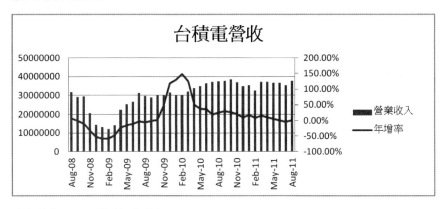

（資料來源：全曜財經資訊）

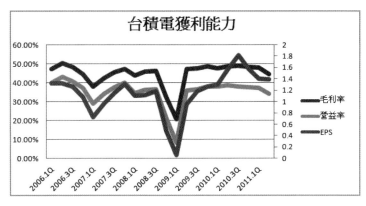

（資料來源：全曜財經資訊）

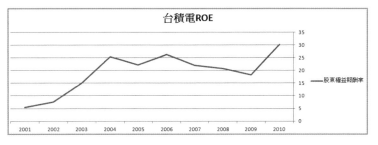

（資料來源：全曜財經資訊）

技術面觀察

至於台積電的技術面表現，因為其為台股權值最高的股票，和大盤的表現相仿。週線圖上，目前來到相對的高檔價位。

籌碼面觀察

投信部分，在2011年9月出現大量買超的現象，而外資則是在10月就一路買超到12月。董監事的持股部分，可發現經理人賣出持股。

異動情形	申報日期	公司代號	公司名稱	申報人身分	姓名	預定轉讓方式 轉讓方式
	100/02/01	2330	台積電	經理人本人	蔣尚義	一般交易
	100/03/10	2330	台積電	經理人本人	Rick Cassidy	一般交易
	100/03/16	2330	台積電	經理人本人	陳俊聖	洽特定人
	100/04/29	2330	台積電	經理人本人	孫中平	一般交易
	100/05/13	2330	台積電	經理人本人	趙應誠	一般交易
	100/05/20	2330	台積電	經理人本人	蔣尚義	一般交易
	100/06/03	2330	台積電	經理人本人	孫中平	一般交易
	100/07/08	2330	台積電	經理人本人	趙應誠	一般交易

（資料來源：公開資訊觀測站）

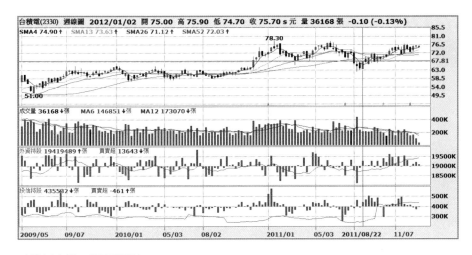

（資料來源：嘉實資訊）

進出場範例

　　若要操作台積電這種穩定性極高的股票，可以採用均線交叉來抓進出場點。

　　2010年10月5日進場價位61.1元

　　2011年3月8日出場價位71.5元

　　報酬率：17%

　　另一種方式，則是利用本益比法。台積電在過去，本益比的歷史低點約在12倍，所以在低於12倍時，是可以進場的位置。等到本益比來到15倍以上時，就可以視情況出場了。

6-10
面板雙雄之一：友達（2409）

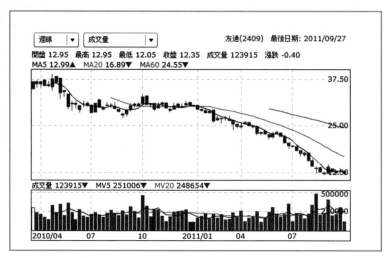

（資料來源：Yahoo!奇摩股市）

　　台灣的面板業，受韓國三星等大廠影響，競爭力較以前弱。而面板雙雄之一的友達，股價表現一落千丈，一起來看看深層原因吧！

基本面觀察

　　2010年10月後，友達的營收年增率開始轉負，從營收圖上其實就可以看到營運動能有日漸趨緩的現象。友達2009年時，毛利率回到10%上下，相較於金融海嘯前的情況，約略只有達到過去水準的一半。EPS部分，友達僅有一季賺錢，其餘時間皆虧損，這樣虧錢的公司，並不適合作為投資的對象。

（資料來源：全曜財經資訊）

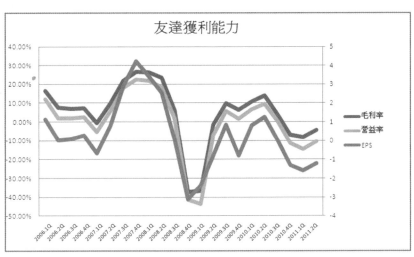

（資料來源：全曜財經資訊）

技術面觀察

友達在2011年2月8日當週收盤，確定跌破週線圖的頸線位置，為期2年的頭部成形。週KD則在2010年1月就出現死亡交叉，往後的週KD值就持續呈現弱勢。

籌碼面觀察

　　投信從2010年上半年，就呈現賣多買少的現象，持股大幅下降，急欲出清持股。

　　董監事持股部分，兩大董事質押比高達87%，從2009年開始，持續有董監事用一般交易的目的，賣出持股，資券比多維持在3%上下，很難有軋空行情。

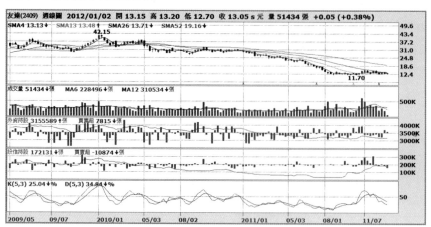

（資料來源：嘉實資訊）

進出場範例

　　友達基本面不佳，技術面又呈現空頭趨勢，籌碼方面，公司並未採用庫藏股政策進行護盤，公司董監事也不挺自己公司的股票，質押比達80%以上；投信持續大量賣超。不建議讀者操作此檔股票，但可以利用融資維持率，找尋放空點。

MA20：39.34元

融資維持率135%價位：32元

融資維持率120%價位：28元

做空容易獲利

延伸閱讀

立即加入【法意 PHIGROUP】粉絲團，持續追蹤全球市場動向，掌握最新的財經訊息，提高投資勝率！ www.facebook.com/phigroupinvestment

國家圖書館出版品預行編目資料

法意教你Y!選股獲利秘技 / 法意研究部作.
-- 初版. -- [臺北市] : 法意 民101.02
　面；　公分
ISBN 978-986-85921-7-9(平裝)
1.股票投資 2.投資技術
563.53　　　　　　　　　　　　　100027300

作　　　者／法意研究部
編　　　輯／法意編輯群
編輯助理／郭庭瑄
封面設計／孫詠雅
美術設計／廖婉甄
行銷企劃／艾莉絲

出 版 者／【法意 PHIGROUP】
出版日期／初版一刷／101年2月
頁　　　數／240頁
售　　　價／350元
網　　　址／http://www.phigroup.com.tw/

總 經 銷／楨彥有限公司
地　　　址／231新北市新店區復興路45號3樓
電　　　話／02-2219-2839
傳　　　真／02-8667-2510